KB113662

럭키
LUCKY

럭키

내 안에 잠든 운을 깨우는 7가지 법칙

LUCKY

김도윤 지음

북로망스

이 책에서 가장 크게 공감한 것은 운만 믿는 사람이나 운을 아예 믿지 않는 사람이나 오만한 건 매한가지라는 가르침이다. 나 역시 운의 힘을 누구보다 잘 알고 있는 사람으로서 운 앞에서는 항상 겸허하고 감사해야 함을 매 순간 느낀다. 당신 안에도 놀라운 운이 있다. 그 운을 발견하고 활용하는 법을 배우고 싶다면 이 책에서 그 답을 찾을 수 있을 것이다.

강방천 | 에셋플러스자산운용 회장

나는 투자에서도 운을 믿고 감이 중요하다는 것도 잘 알지만, 그 운이나 감이 그저 타고난 거라고는 생각하지 않는다. 지식과 경험을 쌓으면 운이나 감도 얼마든지 키울 수 있는 것이기 때문이다. 이 책이 그 지점을 정확히 캐치했다. 그래서인지 운을 강조한 책임에도 그 어떤 책보다 현실적이고 실천적이다. 당신도 이 책에서 성공의 비밀을 엿보길!

슈퍼개미 김정환 | 케이공간 대표

개인적으로 이 책이 나오길 너무 오래 기다렸다. 15년간 김작가의 과거부터 지금까지 그의 인생을 가까이에서 지켜본 나는 그가 무에서, 아니 마이너스에서 시작하여 지금까지 올라온 이야기가 담긴 이 책이 나오길 간절히 원했다. 벼르고 별려 쓴 책인 만큼 허무맹랑하고 탁상공론인 이야기가 아니라 그의 진심을 다 쏟아부었다. 당신이 지금 어느 위치에 있든 무슨 일을 하든, 이 책은 당신이 가야 할 길과 해야 할 일을 알려주는 좋은 조언자 역할을 할 것이다.

전업투자자 김종봉 | 로얄클럽 대표

내가 흙수저에서 30대라는 이른 나이에 경제적 자유를 얻은 모습을 보며, 사람들은 종종 '운이 좋았다'고 말하곤 한다. 나는 이런 사람들을 보면 진심으로 안타깝다. 나 또한 성공한 사람들을 보며 타고난 유전자와 환경 덕에 운이 좋았다고 생각한 적이 있었기 때문이다. 운에는 '어찌할 수 없는 운'과 '바꿀 수 있는 운'이 있다. 성공한 사람은 하나같이 이 차이를 안다. 바로 이 차이를 알 때, 경제적 자유로 가는 지름길로 들어설 수 있다. 이 책이 당신에게 그 차이를 알아채고 운을 의도적으로 설정하는 법에 대한 힌트를 줄 것이다.

송명진(라이프해커 자청) | 이상한마케팅 대표

최근 1년 동안 내게도 운이라고밖에는 설명할 길이 없는 일이 연거푸 벌어졌다. 매일매일 열심히 일했고 꾸준히 내가 걷던 길을 걸었을 뿐인데 갑자기 어떤 일이 잘 이루어진 것이다. 운은 정말 우연처럼 찾아온다. 다만 준비라는 분명한 연결고리와 함께! 개인적으로 정말 좋아하는 김작가가 쓴 이 책 『럭키』도 이런 운과 성공의 연결고리에 대한 내용을 다룬다. 김작가와 성공한 사람들의 스토리가 다양하게 나와 있어 매우 흥미롭고 유익하며, 사람들에게 친절한 김작가처럼 글도 친절해서 아주 쉽고 편하게 읽힌다. 운은 누구에게나 한 번씩 오기 마련이다. 이 책과 함께 당신의 운을 맞이할 준비를 하자.

염승환 | 이베스트투자증권 이사

준비된 자에게 운과 기회가 온다고는 하지만 도대체 어떤 준비를 해야 하는지, 어떻게 해야 운이 좋아지는지 구체적으로 그 방법을 알려주는 사람이 있었던가? 김작가는 운을 Lucky가 아닌 Luck-Key로 재정의하며 운을 만드는 7가지 Key를 알려주고 있다. 역시 10년에 걸쳐 1,000명이 넘는 성공한 사람들을 인터뷰한 김작가의 인사이트는 놀랍다. 이 책을 통해 그간 그저 운 좋은 인생은 남의 것이라고 생각하고 살았던 당신의 손에도 Luck-Key가 쥐어지길 응원한다.

부자언니 유수진 | 루비스톤 대표

수많은 사람을 인터뷰해온 김작가만이 쓸 수 있는 운 이야기! 이 책에 소개된 다양한 성공한 사람들의 이야기를 읽는 것만으로 엄청난 동기부여가 된다. 어린 시절의 소심한 나를 바꾼 것도 좋은 책들이었는데, 누군가에겐 이 책이 그런 역할을 할 수 있을 것이다. 당신도 원하는 것이 있다면 마음껏 도전하고 당신 안에 숨어 있는 운을 시험하라.

치과의사 이수진 | 서울유로치과 대표원장

뭐든 다 내 힘으로 이룬 거라 믿은 적도 있다. 하지만 성취에 가장 중요한 건 운이더라. 단 준비되지 않은 사람에게 행운은 절대 찾아오지 않는다. 프로 인터뷰어인 김작가도 수많은 사람과의 만남에서 똑같은 생각을 했다니! 작가 스스로도 어려운 상황을 극복하고 멋진 운을 만들어, 전문 진행자 저리 가라 할 정도로 성공한 인터뷰어로 자리 잡았다. 내 인생을 좋은 운, 나쁜 운 중 어느 것으로 채워갈지를 결정할 보석 같은 비법이 이 책 안에 다 있다. 훗날 내 아이에게도 꼭 읽히리라.

아나운서 조수빈 | 전 KBS 뉴스 9 앵커

운에 관한 좋은 책은 이미 많다. 문제는 실천이다. 아무리 많은 책을 읽고 지식을 쌓아도 그것을 내 삶에 적용하지 못하면 별 쓸모가 없기 때문이다. 내가 나만의 끌어당김의 법칙을 만들어 사람들과 소통하는 이유도 여기에 있다. 그러던 중에 이 책을 만났고, 보는 즉시 깨달았다. 나만의 끌어당김의 법칙이 이 책을 끌어당겼다는 것을, 실천할 수 있는 생각들로 가득한 이 책이 나에게 더 큰 운을 가져다줄 것임을 말이다.

켈리 최 | 켈리델리 회장

복잡한 분석을 하고 그럴싸한 말을 하지만, 사실 이코노미스트의 성과는 상당 부분 운에 달려 있다. 다른 분야라고 크게 다를까? 하지만 그런 운이라도 도전조차 하지 않는 사람에겐 닿으려야 닿을 수가 없다. 행운이 당신의 곁에서 미소 짓기 위해서는 일단 무엇이라도 해야 한다. 물론 처음에 시행착오가 생기는 것은 어쩔 수 없다. 대신 당신 곁에는 이제 김작가의 책이라는 좋은 지도가 있으니, 시행착오의 시간이 전보다 훨씬 짧아지리라 믿는다.

이코노미스트 홍춘욱 | EAR리서치 대표

운이 좋았다고 말하는 사람들

나이 서른에 대학을 졸업하고 서울에서 첫 직장생활을 시작했다. 남들보다 늦은 나이였고 그리 좋은 대학을 나오지 못했지만, 성장에 대한 욕구가 넘쳤다. 매일매일 어떻게 하면 좀 더 빨리 성장할 수 있을지 고민했다. 창업, 석박사 학위 취득, 전문직 자격증 취득 등을 잠깐 떠올렸지만, 이미 출발부터 늦은 나였기에 남들과 똑같은 방법으로 덤벼들어서는 계속 뒤처질 수밖에 없다고 생각했다. 남들은 잘 하지 않는, 나만의 추월차선이 필요했다.

그런 고민 끝에 떠오른 솔루션이 '사람'이다. 성공하고 싶으면, 일단 성공한 사람을 만나야 하지 않을까? 사실 우리 모두 인생을 두 번 산다면 지금보다 훨씬 더 잘 살 수 있을 것이다. 이미 경험을 해봤으니, 뭐가 좋았고 뭐가 좋지 않았는지를 다 알게 되었으니, 다시 삶을 시작하면 훨씬 더 나은 선택을 하며 살 수 있다. 우린 누구도 인생을 두 번 살 수 없지만, 최소한 먼저 무언가를 경험한 다른 사람을 만날 수는 있다. 내가 가고 싶은 길을 먼저 걸어간 사람들의 이야기를 듣는 것이다. 그들의 이야기만큼 도움이 되는 인생 내비게이션이 또 있을까?

그렇게 나는 2011년부터 성공한 사람을 만나 인터뷰를 하기 시작했다. 처음에는 30대 초반의 청년으로서 배움을 청하겠다는 마음으로, 조금 지나서는 인터뷰를 정리해 책을 내겠다는 마음으로, 그리고 지금은 인터뷰를 영상으로 제작해 좋은 콘텐츠를 제작하겠다는 마음으로 인터뷰라는 한 가지 일을 꾸준히 하고 있다. 10년의 세월 동안 대기업 CEO, 국회의원, 장관, 슈퍼개미, 올림픽 금메달리스트, 탑 크리에이터 등 총 1,000명이 넘는 사람을 만났다.

모든 만남이 좋았던 건 아니었다. 모든 사람이 훌륭했

던 것도 아니었다. 하지만 모든 만남은 내게 큰 배움이 되었다. 어떤 분은 내게 큰 인사이트를 주었고, 어떤 분은 잘못된 모습을 통해 반면교사의 가르침을 주었다. 그들을 통해 인생을 어떻게 살아가야 하는지 배웠고 삶의 의미를 깨달았고 그 과정을 통해 나를 찾을 수 있었다.

나이도, 성별도, 직업도 다른 1,000명이 넘는 성공한 사람을 만날 때마다 나는 늘 한 가지 같은 질문을 했다.

"어떻게 성공할 수 있었나요?"

비슷한 질문에, 모두 약속이라도 한 듯이 똑같은 대답을 했다.

"운이 좋았어요."

뻔하디 뻔한 이 대답이 처음에는 식상했던 것이 사실이다. 성공한 사람들이 책이나 강연에서 하나같이 하는 말에 불과했기 때문이다. 인사치레처럼 해야 하는 말, 조금 더 좋게 표현하면 그저 겸손의 말, 그 이상도 이하도 아니라고 생각했다. 하지만 인터뷰를 하면 할수록 그 말의 무게감이 조금씩 다르게 느껴졌다.

'왜 그들만' 운이 좋았을까? 그들은 '언제, 어디서' 운을 만난 것일까? 그들은 '무엇을 했기에' 운을 만났을까? 그들은 '어떻게 그 운을 자기 것으로 만들었을까?'

동시에 이런 생각이 들었다. '왜 우리에겐 그 운이 오지 않는 것일까?'

'운이 좋았어요'라는 말의 이면에 숨어 있는 의미를 매일같이 고민하던 어느 날 택시를 타고 집으로 돌아오는 길에 이 문제를 풀 수 있는 작은 실마리를 얻었다. 아무 생각 없이 던진 내 질문과 이에 대한 택시 기사님의 대답이 내가 잊고 있었던 한 기억을 떠올려줬다.

"기사님은 지금까지 살았던 인생이 어떠신가요?"

"운이 안 좋았죠. 인생이 잘 안 풀렸어요."

그 말을 듣는 순간, 무언가 벼락을 맞은 듯한 기분이 들었다. 이 말은 나이 마흔에 실직하고 택시 운전을 시작했던 아버지가 내게 자주 하던 말이기도 했다.

"인생이 잘 안 풀렸어, 운이 없었지."

왜 성공한 사람은 운 '덕분'이라 얘기하고, 성공하지 못한 사람은 운 '때문'이라 말할까? 인생에 있어 성공이란 것이 단순히 자신만의 노력으로 할 수 없는 것이라면, 과연 성공한 사람들만 그 운을 만난 것일까? 인생을 살다 보면 세 번의 기회는 찾아온다고 하는데, 과연 우리는 그 운을 하나도 만나지 못한 걸까? 아니면 오긴 왔는데 그 운을 놓친 걸까? 만약, 누구에게나 있다는 한 번의 운이 나를 찾아온다면 그 운은 어떻게 잡을 수 있는 걸까?

재테크에 조금만 관심이 있는 사람이라도 '복리'의 위력은 잘 알고 있을 것이다. 말 그대로 이자에 이자가 붙기 때문에 투자 기간이 길어질수록 원리금이 기하급수적으로 증가해 '단리'를 적용했을 때에 비해 엄청난 수익을 올리게 해준다. 그런데 투자에만 복리가 있을까? 아니, 우리 인생에서 성공의 열쇠를 만드는 것에도 복리가 있다. 바로 당신의 하루하루가 쌓여 만들어진 '운의 복리'가 그것이다. 그 눈덩이는 처음에는 보잘것없이 작을지 몰라도 하루하루 쌓이다 보면 어느새 인생 전체를 바꿀 정도로 거대해진다.

행운이라는 뜻의 영어 단어 'Lucky'는 단순한 운이 아니다. 우리가 어떻게 행동하느냐에 따라 인생의 수많은 난관의 문을 열어주는 행운의 열쇠가 될 수 있다. 그래서 나는 이 책에서 럭키를 'LUCK-KEY'라고 부르려고 한다. 내가 찾은 운을 만드는 일곱 가지 열쇠는 사람, 관찰, 속도, 루틴, 복기, 긍정, 시도이다. 성공을 만드는, 돈이 모이는 LUCK-KEY를 만들기 위한 비밀을 지금부터 하나씩 풀어보자.

목차

1장 | 사람
모든 기회는 사람에게서 온다

2장 | 관찰
파도의 움직임을 읽을 수 있는가?

1장

사람

모든 기회는 사람에게서 온다

내가 통제할 수 없는 것이 운이라면,
운은 어디에서 오는 걸까?
인생을 살면서 내가 한 노력을 운이라고 말하지는 않는다.
그렇다면 운은 '누가' 가져다주는 걸까?
바로 질문 속에 답이 숨어 있다.
누가, 즉 사람이다!
운을 가져다주는 건 사람일 수밖에 없다.

당신 옆에 누가 있는가?

사람은 무엇으로 성장할까? '삼인행필유아사(三人行必有我師)'라는 말이 있다. 공자가 『논어』에서 한 말인데, '세 사람이 길을 가면 반드시 스승으로 받들 만한 사람이 있다'는 뜻이다. 제법 알려진 말이지만, 이 말의 진짜 의미를 아는 사람은 많지 않다. 사람이 사람을 만나는 게 얼마나 중요한지를 강조하는 말인데, 몇 가지 에피소드로 이야기를 풀어가는 게 이해가 쉬울 것 같다.

1988년 미국의 레이건 대통령이 모스크바 방문 당시 현지의 한 소년과 악수하는 장면이 찍힌 사진이 있다. 그런데 그 자리에는 나중에 러시아의 대통령이 된 젊은 시절의 푸틴이 있었다. 카메라를 목에 건 관광객으로 위장한 남자가 소련 KGB 요원 시절의 푸틴으로 추정되고 있다. 사진 속 인물이 실제 푸틴이 맞는지 아닌지에 대해선 지금도 여러 말이 있지만, 이 사진을 촬영한 레이건 대통령의 전속 사진사였던 피트 수자는 레이건 도서관에 소장된 이 사진을 면밀히 검토한 후 푸틴이 확실하다는 결론을 내렸다.

우리나라에는 1982년 부산에서 법률사무소를 함께 운영하며 인권변호사로 활동한 두 인물이 있다. 바로 16대 노무현 대통령과 19대 문재인 대통령이다. 정치색을 떠나서, 혹시 그런 생각을 해봤는가? 대한민국 5000만 국민 중 대통령이 나올 확률은 몇이나 되는지, 그리고 자신의 지인 중에서 대통령이 나올 확률은 몇이나 되는지를. 이 말도 안 되는 확률이 현실이 되었던 이유는 사람을 만났기 때문이다.

투자의 세계에도 이런 인연은 존재한다. 세계 최고의 부호 중 한 명인 워런 버핏은 혼자서 지금의 자리에 오르지 않았다. 버핏의 투자 인생은 버크셔 해서웨이의 부회장 찰리 멍거를 만나기 이전과 이후로 구분될 정도로 그에게서 큰 영향을 받았다. 버핏은 멍거를 "내 사고의 지평을 넓혀줬다"라며 최고의 존경을 표현했다. 멍거를 알기 전 버핏은 헐값에 주식을 사서 차익을 남기는 '담배꽁초식 투자'를 하는 투자자에 지나지 않았지만, 멍거의 가르침을 통해 성장 가치가 있는 기업의 주식을 사며 '오마하의 현인'으로 거듭나게 되었다. 평생 동반자인 멍거를 만나지 않았다면 버핏은 지금과는 다른 길을 걸었을지도 모른다.

중국에도 우연한 만남을 통해 세계 최대의 부호가 된 사람이 있다. 영어 강사이자 관광 가이드였던 마윈은 만리장성 투어 중 야후 창업자 제리 양을 가이드하게 됐고, 그 만남에서 자극을 받아 시가총액만 700조 이상인 전자상거래 기업 알리바바를 세웠다.

국내에도 이런 사례는 많다. 국내 양대 포털 사이트를 만든 네이버 이해진 대표와 다음 이재웅 대표도 유년 시절 같은 아파트에 살았다. 또 이해진 대표와 넥슨 김정주 대표는 카이스트 석사 시절 기숙사 룸메이트였다. 심지어 이해진 대표는 카카오 김범수 의장과 삼성SDS 입사 동기로 같은 곳에서 직장 생활을 시작했다. 현재 코스피 시가총액 3위가 네이버, 4위가 카카오인데, 이 모든 것이 단순한 우연이라고 생각되는가?

이와는 반대로 사람을 잘못 만나 불행해진 사례도 있다. 1960년대 영국의 연쇄살인마 이언 브래디와 마이라 힌들리라는 커플이다. 둘은 10대 어린이와 청소년을 다섯이나 살해했다. 스코틀랜드 글래스고의 슬럼가에서 접대부의 사생아로 태어난 이언 브래디는 어린 시절부터 절도를 비롯한 각종 범죄를 저질러 보호관찰을 받거나 소년원을 들락거렸다. 동물을 죽이는 등 가학적이고 폭력적인 성향도 지니고 있었다고 한다.

그에 반해 여자친구인 마이라 힌들리는 애정이 넘치는 가정에서 착실하게 자랐다. 가톨릭 신자로서 신앙심도 깊었고, 심지어 아이와 동물도 좋아했다. 그런데 직장에서 이언 브래디를 만나 연인이 된 후 모든 것이 바뀌었다. 브래디가 제안한 살인 계획에 힌들리는 복종하고 동참했다.

사이코패스인 남자친구를 만난 힌들리는 결국 브래디의 살인을 도운 공범이자 살인자가 되었다.

양극단에 있는 사례를 들었지만, 한 가지 확실한 것은 내 주변 사람들이 나에게 미치는 영향력은 생각보다 크다는 사실이다. '친구 따라 강남 간다'는 말이 있다. 원래 자신은 할 마음이 없었는데, 친구가 하니까 덩달아 하게 될 때 쓰는 말이다. 지금은 비흡연자인 내가 20대 초반 아주 잠깐 담배를 피웠던 이유는 당시 늘 붙어다니던 친한 친구가 흡연자였기 때문이다.

많은 사람이 살면서 비슷한 경험을 했을 것이다. 생각해보면 어린 시절 어머니는 '친구를 가려서 만나라'는 말을 참 많이 했다. 40년의 인생을 살아보니, 그 말은 틀린 것이 하나도 없었다.

우리 주변에 대통령이 될 사람이나 세계 최고의 부호가 될 사람까지 둘 순 없겠지만, 그래도 좋은 에너지를 주는 사람을 곁에 둬야 하지 않을까? 나 자신도 알지 못하는 좋은 운과 나쁜 운을 내 곁에 있는 사람이 내게 주고 있을 테니 말이다. 어쩌면 대부분의 우리가 성공하지 못하는 이유도 여기에 있을지 모른다. 주변에 나보다 좋은 사람이 있어야 성장할 수 있는데, 안타깝게도 실제 내 주변에는 나 같은 사람밖에 없다.

지금 내 옆에 있는 사람 둘러보기

- 현재 가장 친하게 지내고 있는 지인 일곱 명의 이름을 쓰고 그들을 통해 어떤 자극을 받고 무엇을 배우고 있는지 써보자. 만약 특별한 이유가 없다면 '정 때문'이라고 적으면 된다.

※ 나를 성장시켜줄 인간관계만 있을 필요는 없지만, 모든 인간관계가 그저 친분으로만 이뤄져 있다면 그것도 문제이다.

순번	이름	인간관계를 맺고 있는 이유 혹은 배울 점
1		
2		
3		
4		
5		
6		
7		

셰르파 없이는
정상에 오를 수 없다

우리는 새로운 일을 시작할 때 무엇부터 해야 할지 몰라 많은 어려움을 겪는다. 처음이기에 어쩔 수 없이 겪게 되는 시행착오 또한 있기 마련이다. 하지만 그 길을 먼저 걸어간 사람은 지금의 나와 비슷한 고민을 이미 하고 정답이든 오답이든 다양한 답을 찾아봤기에, 나에게 조금 더 좋은 길을, 지금의 나로서는 전혀 생각조차 할 수 없었던 길을 알려줄 수 있다. 내가 몸담고자 하는 분야에서 성공한 사람을 만나야 하는 이유이다.

토익 시험을 예로 들어보자. 학창 시절 토익 400점,

500점대의 학생들이 모여 그룹 스터디를 하는 모습을 종종 봤다. 비슷한 처지인 사람들끼리 서로 공부 의지를 다지고 격려도 하며 조금 덜 외롭게 공부할 수 있으니 그 자체를 나쁘다고 할 수는 없다. 하지만 냉정하게 공부법 측면에서만 보면 절대 좋은 방법이 아니다.

토익은 명확한 정답이 있는 문제로 이뤄진 시험이다. 토론하고 지혜를 모아 올바른 방향성을 찾는 게 아니라, 다섯 개의 객관식 문항 중 옳은 정답 단 하나를 찾아야 한다. 그런 시험에서 400점, 500점을 받고 있는 학생들이 모여 공부를 하는 게 무슨 의미가 있을까? 아는 답보다 모르거나 틀린 답이 훨씬 많은 학생들이 모여, 더 틀린 답을 만들어내고 있는 건 아닐까?

그러니 이런 식으로 접근해서는 절대 토익 점수를 크게 높일 수 없다. 내가 400점대의 학생이라면, 토익 800점, 900점의 학생과 함께 공부해야 한다. 그래야 하나라도 더 배울 수 있고, 내 성적을 올릴 방법을 알 수 있다. 하지만 원래부터 잘 알던 친구가 아니라면, 토익 900점인 사람이 400점인 사람과 함께 공부할 리 없다. 그래서 우리는 선생님을 찾아야 하는 것이다. 토익 400점인 친구들끼리 공부하면 오랜 시간 계속 그 자리에서 맴돌 뿐이다.

토익 시험에만 적용되는 이야기가 아니다. 인생에서 만나는 수많은 문제 앞에서도 많은 사람이 토익 400점 시절 공부하던 수준에서 크게 벗어나지 못한다. 주변 지인과 함께 술을 마시는데 부동산에 대한 이야기가 나왔다. 한 친구가 서울 집값이 계속 오르고 있으니 지금이라도 집을 사야 할지, 지금 사면 위험한지에 대한 답을 찾고 싶어 했다. 그때 한 친구는 무조건 집을 사야 한다고 얘기했고, 다른 친구는 절대 집을 사면 안 된다고 말했다. 난 옆에서 들으며 지금 이 대화가 조금 전에 말한 토익 스터디와 비슷하다고 생각했다. 그 자리에 앉아 있는 친구들 모두 부동산에 관해 잘 모르는 초보였는데, 누군가는 사라고 말하고, 누군가는 절대 안 된다고 말하고 있었으니 말이다. 그것도 다들 확신에 찬 목소리로.

또 한 번은 주변 지인들과 식사를 하다가 쇼핑몰 창업 이야기가 나왔다. 한 친구가 네이버 스마트스토어로 쇼핑몰 창업을 하고 싶다고 말했고, 어떤 아이템을 고르는 게 좋을지 고민하고 있다고 했다. 한 친구는 의류 쇼핑몰을 해야 한다, 다른 친구는 헬스용품 쇼핑몰을 해야 한다 등 각각 다양한 이야기가 오고갔다. 그 모습도 토익 스터디와 크게 다르지 않았다. 그 자리에 앉아 있는 어떤 친구도 쇼핑몰을 해본 적도, 쇼핑몰 창업에 대해 공부해본 적도 없었다.

　이제 내가 무엇을 말하고 싶어 하는지 알아챘을 것이다. 우리가 하는 가장 흔한 실수가 이런 사례에 고스란히 담겨 있다. 우리는 그 분야의 전문가나 경험자가 없는 곳에서 마구잡이로 질문을 던지고 답을 찾으려고 한다. 믿을 만한 친구에게 지금의 감정을 털어놓고 위로나 격려를 받는 식의 커뮤니케이션은 괜찮지만, 어떤 문제를 해결하기 위해 질문을 던질 때는 그 질문을 받는 상대방의 지식과 경험이 무엇보다 중요하다. 그래서 나는 그때 부동산을 고민하는 친구에게 부동산 전문가를 소개해주었고, 쇼핑몰을 고민하는 친구에게는 쇼핑몰 관련 책을 보고, 관련 온라인 강좌를 들으라고 했다. 거기서부터 시작하는 것이 옳은 방법이었다.

지금 이 원고를 쓰는 시점을 기준으로 내가 유튜브를 시작한 지도 이제 2년 반이 지났다. 작가로서의 글쓰기와 강사로서의 말하기를 전문으로 일하고 있던 내가 2년 반 만에 구독자 87만 명(2021년 8월 기준)을 달성한 데는 명확한 이유가 있다. 매일 열심히 영상을 올리고, 다른 채널과의 차별화를 고민한 결과이기도 하지만, 그보다 더 근본적인 이유가 있다.

나는 유튜브를 시작하기 전에 스물세 명의 탑 크리에이터를 만났다. 2019년 당시 그들의 구독자 수를 다 합치면 1100만 명이 넘었고, 누적 조회 수를 더하면 30억 회 이상이었다. 나는 그들을 만나 기획, 촬영, 편집에 관해 궁금했던 모든 것을 물었고, 감사하게도 피가 되고 살이 되는 훌륭한 답을 들을 수 있었다. 물론 그렇게 들은 지식과 노하우를 내 것으로 만드는 건 온전히 내 몫이지만, 어쨌건 나는 처음부터 올바른 방향을 설정할 수 있었고 그 덕에 내 채널의 성장 속도는 일반 사람들보다 빠를 수밖에 없었다.

유튜버가 되고 싶은 사람이라면, 당연히 해당 분야의

탑 크리에이터를 만나야 한다. 메일을 보내는 등의 노력으로 직접 그 크리에이터를 만나는 것이 가장 좋겠지만, 꼭 그렇지 않더라도 그들 대부분의 노하우를 알 방법이 바로 우리 손에 있다. 그들이 만든 최종 결과물인 영상 콘텐츠에는 그들의 기획, 촬영, 편집 방향 등이 다 담겨 있기 때문에, 스마트폰을 열어 그들이 찍어 올린 영상만 꼼꼼히 봐도 대부분의 노하우를 확인하고 분석할 수 있다.

만약 촬영에 관해 고민이 있다면 그들이 어떤 카메라를 썼는지, 어떤 구도로 찍었는지를 영상을 통해 확인하면 된다. 절대 어렵지 않다. 나 또한 촬영 장비 부분에서 업그레이드가 필요하면 나 혼자서만 끙끙대며 고민하지 않았다. 나보다 잘하고 있는 채널의 영상을 보고, 그들의 인스타그램에 들어가서 화면 밖에서 찍힌 스튜디오를 보며 어떤 카메라를 쓰는지, 어떤 마이크를 쓰는지 확인했다. 사실 지금은 세상이 너무 좋아졌다. 여전히 정보 비대칭의 현상도 존재하지만, 조금만 노력하면 내가 얻고자 하는 정보 정도는 어렵지 않게 얻을 수 있다. 스마트폰만 열면 접속할 수 있는 온갖 SNS와 유튜브 덕분이다. 우리는 이런 도구들을 잘 활용해서, 우리보다 앞서 그 길을 걸어 간 사람들을 보고 벤치마킹하며 다 배워야 한다.

인류가 세계에서 가장 높은 에베레스트산을 정복한 것은 꿈과 도전만으로 가능했던 일이 아니다. 추운 기후와 높은 고도 생활에 잘 적응하는 셰르파족이 있었기 때문이다. 셰르파족은 약 500년 전 티베트에서 네팔 산악지대로 이주한 부족인데, 이들은 오랫동안 히말라야 고산지대에 거주했기에 높은 고도에서의 적응력이 아주 뛰어났다. 1953년 에드먼드 힐러리가 인류 최초로 에베레스트산에 올랐을 때도 셰르파족인 텐징 노르가이가 곁에 있었다. 지금도 셰르파는 히말라야 고봉을 오르는 산악인의 안내를 돕는, 히말라야 등반에 없어서는 안 되는 존재다. 그래서 셰르파는 아예 '산악 원정을 돕는 사람들'이라는 보통명사로 사용되기도 한다.

히말라야 원정대에게 셰르파가 필요하듯이, 우리 인생에도 셰르파가 필요하다. 어쩌면 에베레스트산보다 더 춥고 험한 길이 우리 인생일지도 모른다. 산전수전 다 겪은 뛰어난 산악인에게도 셰르파가 필요하다는 사실을 잊지 말자. 그러니 당신도 인생에서 당신을 정상으로 이끌어줄 셰르파가 있는지 고민해야 하고, 없다면 찾아야 한다.

한 가지 주의해야 할 점은 성공한 사람을 보며 그들의 결과물을 부러워할 것이 아니라, 그 결과물을 만드는 과정과 그들이 흘린 땀을 배워야 한다는 사실이다. 그리고 그것을 어떻게 내 것으로 만들 것인지가 관건이라는 사실을 절대 잊지 말자.

내가 준비되어 있지 않으면
누구도 만날 수 없다

정상에 오르기 위해서 셰르파를 만나야 한다고 얘기했다. 문제는 셰르파를 만나기 위해서는 내가 어느 정도의 고도까지는 스스로 올라가야 한다는 것이다. 성공한 사람들일수록 쉽게 자신의 시간을 내어주지 않는다. 내가 아는 한 사업가는 말했다.

"사람들은 성공한 사람들을 그냥 쉽게 만나려고 해요. 처음에 무턱대고 '이것 좀 가르쳐주세요, 제자로 받아주세요'라고 말하며 들러붙는 거죠. 그렇게 무작정 용기를 낸다고 그 사람을 만날 수 있을까요? 그렇게 접근할 게 아니라 언젠가 만날 수 있는 위치까지 오를 수 있도록 자신이 어느 정도 노력을 해야 하는 거잖아요. 그 후 실제로 만났을 때 가까워질 수 있는 계기를 만들어야 하는 거잖아요. 성공한 사람을 만나려고 하면, 자신도 어느 정도는 올라가야 하는 거예요.

김작가님도 누군가 이메일로 '만나주세요' 하면 다 만나줄 수 있나요? 〈김작가TV〉에 출연하고 싶어 한다고 다 출연시켜줄 수 있나요? 똑같은 거예요. 내가 성공한 사람을 만나려면 최소한의 위치까지는 올라와야 하는 거죠. 중간에 누군가 다리를 놓고 소개해주는 사람이 있다고 해도 어느 정도 준비는 되어 있어야 하는 거죠. 김작가님을 통해 슈퍼개미를 만나고 싶어 하는 사람도 많이 있겠죠. 그런데 그 사람이 주식에 관해 아무것도 모르는 초짜라면 자리를 만들어주려고 해도 다리를 놓을 수가 없잖아요. 똑같은 레벨은 아닐지라도 자리에 앉았을 때 어느 정도 말은 통해야 할 테니까요.

지금 우리는 중고등학생이 아니기 때문에 학창 시절처럼 '그냥 내 친구야' 하고 아무 기대 없이 새로운 만남을 갖고 어울려 놀지는 않습니다. 사회에서는 나에게 이익이 되지 않으면 굳이 만나지 않으니까요. 그러니 내가 아무 준비도 되어 있지 않으면, 그 분야에서 성공한 사람을 만나고 싶어도 만날 수가 없어요. 대기업 회장이든 잘나가는 정치인이든 중간에 아는 사람이 있어서 어떻게든 부탁한다고 해도 내가 그들에게 아무런 도움도 안 되는 사람이라면 쉽게 만날 수가 없는 거예요."

그의 말처럼 성공한 사람을 그냥 만날 수는 없다. 아이러니하게도 성공한 사람을 만나려면 나도 어느 정도는 내 힘으로 올라가야 하는 것이 현실이다. 방구석에 누워서 셰르파를 만날 수는 없다. 셰르파를 만나려면 히말라야의 고산지대까지는 스스로 올라가야 하는 것이다. 당연히 그와 똑같은 레벨일 필요는 없다. 어느 정도 대화가 통할 수준의 내공만 쌓아도 기회는 생긴다. 더 중요한 건 나도 성공한 사람에게 줄 수 있는 무언가가 있어야 한다는 사실이다. 완전히 대등한 가치는 아니더라도 그에게 없는 부분을 채워줄 수 있는 무언가가 내게 있어야 만날 수 있고 오랫동안 인연을 이어갈 수 있다. 내게 그런 실력이 없고 그래서 상대에게 아무것도 줄 게 없다면, 우연히 성공한 사람을 만났음에도 그저 인스타그램에 인증 사진을 올리는 것밖에는 할 수 있는 게 없다.

물론 실력을 쌓는 도중에도 다양한 사람을 만나야 한다. 사람을 만나는 것 또한 연습이 필요한 일이기 때문이다. 가치투자로 이름을 알리고 있는 이언투자자문의 박성진 대표는 내게 이렇게 말했다.

"제가 처음 투자를 시작한 3~4년은 그냥 혼자 했어요. 제 성격이 내성적인 편이라서 사람 만나는 걸 어려워 했거든요. 그런데 어느 순간 '이렇게 해서는 안 되겠다, 이 성격을 고쳐야겠다' 싶더라고요. 안 그러면 영원히 잘살 수 없겠다는 생각이 들었어요. 그래서 일부러 사람들 만나는 자리를 만들었어요. 사람들과 만나려면 나를 알려야 하잖아요. 그런 것도 잘하지 못했어요. '내가 실력이 있으면 누군가 알아서 찾아오겠지'라고 생각했는데 건방진 생각이었죠.

그냥 가만히 앉아서 운이 찾아오길 기다린다는 건, 그냥 감나무 밑에 누워 감 떨어지기를 기다리는 꼴이었어요. 그렇게 생각이 바뀌자 제가 원래 그런 스타일이 아닌데 나를 알리기 위해 글을 쓰고, 책을 번역하고, 외부 모임에도 나가서 사람들과 어울릴 자리를 만들었어요. 그런 노력이 조금씩 쌓여 한 사람씩 만난 게, 나중에 두 사람, 네 사람 되면서 지금의 제가 될 수 있었죠."

이처럼 운이라는 건 내가 가만히 기다린다고 저절로 오는 게 아니다. 내가 직접 찾아 나서야 하는 것이다. 그리고 그 운은 사람이 주는 경우가 많다. 물론 열 명쯤 만나면 실제 내 일에 도움이 되는 사람은 한두 명뿐이고, 나머지는 별 의미 없거나 최악의 경우 사기꾼도 더러 섞여 있을 수 있다. 그럼에도 불구하고 사람들을 만나야 열 명 중 한 명인 진짜를 발견하고, 100명 중 열 명인 좋은 사람을 발견한다. 또 만나는 사람이 늘어나면 결국 사람을 보는 눈도 높아지고, 만나는 사람이 달라지며 성공의 길에 더 가까워지는 것이다. 결국 모든 성공은 내가 만나는 사람에게서 비롯된다.

한국의 워런 버핏이라 불리며 3조 원의 자산을 운용하고 있는 VIP자산운용의 최준철 대표 역시 그런 운을 가져다준 사람들과의 만남을 통해 좋은 시작을 할 수 있었다.

"2000년대 초반에 투자자문사를 창업한다는 건 제 상상력 범위 밖에 있는 일이었어요. 라이선스를 받기 위해서는 최소 수십 억 원의 돈은 필요했거든요. 그때 '왜 못해? 하면 되지'라고 말씀하시며 물심양면으로 도와주셨던 두 분의 회장님이 계세요. 그 두 분이 없었으면 투자자문사를 창업하는 게 쉽지 않았을 거예요. 우리 회사에 비전과 가능성이 있다고 생각하셨겠지만, 무엇보다 제가 주식에 미쳐 있었으니까 '뭐라도 하겠지'라고 믿어주셨던 것 같아요."

우리는 살면서 많은 노력을 한다. 그런데 그 노력은 다 조금씩 떨어진 위치에 점으로 존재한다. 그 점들을 연결해주는 게 바로 사람이다. 그렇게 흩어져 있는 점들을 선으로 연결할 수 있을 때 성공의 문이 열리는 것 아닐까? 바로 그런 사람을 만나는 게 진짜 운 아닐까? 여러분은 이 모든 나비효과의 시작인 점을 잘 만들고 있는가? 그리고 그 점을 이어줄 좋은 사람이 주변에 있는가?

나를 성장시켜줄 셰르파 찾기

- 지금의 내가 성장하기 위해 만나야 할 사람은 누구인가?
- 왜 그 사람을 만나고 싶은가? 만나면 무엇을 배울 수 있는가?

순번	이름	그에게서 배울 수 있는 것
1		
2		
3		
4		
5		
6		
7		

실패가 익숙한 사람을
멀리하라

우리 주변에는 좋은 운을 부르는 사람과 나쁜 운을 부르는 사람이 있다. 그렇다면 나쁜 운을 가져오는 사람은 어떤 사람일까? 그동안 진행했던 인터뷰에서 들은 이야기 중에서 버려야 할 인간관계에 대해 가장 와닿았던 내용이 하나 있어 이 장에서 공유하고자 한다.

Q. 어떤 사람을 멀리해야 하는 건가요?

저는 실패하는 게 익숙한 사람들, 그래서 제대로 성장하지 못하고 오랫동안 정체해 있는 사람들은 단순히 고여 있는 게 아니라 마음도 썩을 수밖에 없다고 생각해요. 원래 저는 실패에 대한 편견 없이 사람을 대하는 게 합리적인 거고, 더 옳은 거라고 생각을 했어요. 사실 저는 미국에서 좋은 대학을 나왔고, 실리콘밸리에서 일을 했으니까 기존의 네트워크를 통하면 흔히 얘기하는 좋은 스펙을 가진 사람들과 같이 일할 수 있었거든요. 하지만, 언더독(스포츠에서 우승이나 이길 확률이 적은 팀이나 선수를 일컫는 말)이어도 상관없으니 그냥 재미있게 일을 해보고 싶었어요. 그게 제 착각이었단 걸 이제는 알아요.

지금까지 사업을 하면서 가장 크게 느낀 게, 실패와 정체의 늪에 빠진 분들은 다 이유가 있고 스스로 그 세상에서 벗어나지 못한다는 거예요. 창업을 한 지 10년이 됐는데도 성장을 못 했잖아요? 그 사람하고는 일하면 안 되는 거예요. 알리바바 마윈 회장도 얘기했잖아요. "세상에서 가장 같이 일하기 힘든 사람들은 생각이 가난한 사람들이다"라고요. 가난이라는 게 지금 당장 돈이 있고, 없고의 문제가 아니에요. 지금 가진 돈의 크기가 아니라, 생각의 크기가 가능성을 만드는 거죠. 생각이 닫혀 있고 경청하지 못하는 사람은 운이 들어오는 길을 아예 처음부터 막고 있는 것과 마찬가지인 것 같아요.

Q. 그런 사람들의 특징이 있을까요?

오랫동안 실패를 반복한 분들은 남들의 성공을 도저히 인정하지 못하더라고요. 자존심이 허락하지 않으니까 내가 성장하지 못한 것을 세상 탓, 사회 탓을 해요. 내가 실패한 원인에 대해서 여러 가지 방어책을 구축하는 거죠. 그러니 남들도 잘 안 돼야 하는데, 실제로는 잘하고 있는 사람들이 있으니까 그들이 싫은 거예요. 질투가 나니 모든 것을 삐딱하게 보죠. 이런 성향을 가진 사람들과 어울리면 좋지 않아요. 이 사실을 깨닫고 나서 사람을 보는 기준이 하나 생겼어요. 이기는 습관을 지닌 사람도 괜찮고, 아직 성공 경험도 실패 경험도 많지 않아 열정이 가득한 사람도 괜찮아요. 그런데 이미 실패에 길들어 있는 사람, 게다가 그것에 대해 남 탓을 하고 세상 탓을 하는 사람과는 아예 말도 섞지 않으려고 합니다.

Q. 실패 속에서도 괜찮은 사람은 어떤 사람인가요?

본인의 실패를 통해서 자기 객관화를 하고 거기에서 배운 것을 말할 수 있는 사람이죠. 이들은 가능성이 있어요. 자존심이 없어서 자기의 실패를 인정하는 게 아니라, 진짜 성공하고 싶어서 자기의 실패를 인정하는 거거든요. 실패에서 배워야 다음에 도전할 때 똑같은 실수를 반복하지 않을 수 있으니까요. 나 자신이 지금 당장 다른 사람들에게 어떻게 보이는지는 이들에게 우선순위가 아니에요. 이들에게 중요한 건 실질적인 성장이죠. 그러니 자신의 실수를 인정하고, 거기에서 배우고, 결국 더 나은 결과를 만들어냅니다.

Q. 사람을 채용할 때 특별히 중요하게 보시는 게 있나요?

저는 사람을 뽑을 때 지적 정직함을 굉장히 중요하게 봐요. 지적으로 정직한 사람은 성장에 욕심이 있는 사람이에요. 자신이 잘 모르거나 부족한 점을 자꾸 방어하려고 하는 사람은 성장에 욕심이 없는 거죠. 내가 모르는 걸 모른다고 솔직하게 인정한다는 것은 모르는 것을 알기 위함이거든요. 그게 먼저인 거예요. 내가 모른다는 걸 상대방이 알아서 내가 혹시 멍청해 보일까, 무식해 보일까를 걱정하는 게 아니라, 내가 모르는 걸 아는 게 더 중요한 거예요. 그런 사람은 금방 성장해요.

마윈도 얘기했듯이 마음이 가난한 사람은 가난한 자기 세상 속에 갇혀 사는 것이다. 당신은 어떤 사람인가?

내 주변에서 끊어내야 할 사람 찾기

- 주변 사람 중에 내 자존감을 떨어뜨리거나, 내 성장을 방해하고 있는 사람이 있는가? 있다면 그 사람의 이니셜을 쓰고 그 이유를 적어보자.

※ 대부분 인간관계는 우연한 만남으로 시작된다. 하지만 그 인간관계를 끌고 가는 것은 나의 선택이다.

순번	이름	관계를 끊어내야 하는 이유
1		
2		
3		
4		
5		
6		
7		

내게 다른 세상의
가능성을 보여준 사람들

2021년을 기준으로 나의 연봉은 근로소득과(유튜브 수익, 도서 인세, 강연료) 투자소득(주식투자)을 합쳐 상위 1% 안에 든다. 이렇게 된 비결엔 여러 가지가 있겠지만, 딱 한 가지를 꼽자면 새로운 세상을 직접 봤다는 거다.

내가 유튜브를 처음 시작할 때 기존 유튜버들과 달랐던 건 『유튜브 젊은 부자들』이라는 도서를 집필하기 위해 '키즈, 재테크, 엔터, ASMR' 등 각 분야 최고의 1인 크리에이터 유튜버 23인을 심층 인터뷰했다는 것이다. 이 인터뷰는 우리가 흔히 보고 있는 대중매체의 인터뷰와는 크게 달랐다. 수익 측면에서만 봐도 막연하게 많은 돈을 번다 수준이 아니라, 그래서 구체적으로 얼마를 버는지까지 직접 이야기를 들을 수 있었다. 구글로부터 받은 유튜브 수익 입금 내역까지 직접 보여준 유튜버도 있었다. 그중 한 분은 2015년 7월에 14만 원을 벌었는데, 2016년 7월엔 214만 원, 2017년 7월엔 498만 원, 그리고 정확히 4년이 지난 2019년 7월엔 5300만 원을 벌었다. 심지어 당시는 한 달이 다 차지 않은 21일이었다. 아마 그 유튜버의 월 수익은 최소 7000만 원은 되었을 것이다. 세상에 대체 어떤 일이 단 4년 만에 한 달 수익을 379배로 성장시켜준단 말인가. 심지어 그 모든 것을 위해 필요했던 자본은 늘 손에 쥐고 있던 스마트폰 카메라와 마이크 하나뿐이었다. 그날 내가 알고 있는 세상의 일부분이 깨졌다.

한 달에 3000만 원 이상의 돈을 버는 사람이 꽤 있다는 사실은 여러 매체를 통해 알고 있었다. 하지만 그전까지 그들의 수익을 내 눈으로 직접 본 적은 없었고, 설사 그런 사람이 있다고 해도 의사, 변호사 같은 고소득 전문직 직업을 가진 극소수의 사람들이라고 생각했다. 그전까지는 명문대 학력이 있는 것도 아니고, 좋은 직장의 경력이 있는 것도 아니고, 큰 사업체를 가진 것도 아닌 사람이 그렇게 많은 돈을 벌 수 있다는 생각은 아예 하지 못했다. 성공한 사람은 항상 나와 다른 특별한 사람이라 생각했는데, 어쩌면 그게 아닐 수도 있겠다는 생각이 들었다.

대기업에 다니는 사람들 주변에는 직장인이 많을 것이다. 공공기관에 다니는 사람들 주변에는 당연히 공무원이 많을 것이다. 그런 안정적인 삶 또한 좋지만, 문제는 자신이 속한 세상에서만 삶을 살다 보면 다른 세상이 어떻게 돌아가고 있는지 잘 모른다는 것이다. 자신이 사는 곳이 세상의 전부가 아니다. 나 역시 그랬다. 기존의 나는 작가의 세상, 그리고 강사의 세상 안에서만 살고 있었다. 그 세상에서만 살아도 먹고 사는 데 큰 지장이 없었다. 그런데 그날 우연히 본 한 크리에이터의 유튜브 수익을 보며, 새로운 세상에 대한 문이 조금씩 열리기 시작했다.

2018년 10월 29일, 유튜브에 첫 영상을 올렸다. 구독자 0명에서 시작한 내게 구독자 10만 명, 30만 명 같은 숫자는 너무 멀게만 느껴졌고, 솔직히 유튜브를 통해 내가 돈을 벌 수 있다는 것 자체가 믿어지지 않았다. 그렇게 시간이 지났다. 3개월쯤 지난 2019년 1월 처음으로 구글에서 4만 원이라는 돈이 들어왔다. 금액의 많고 적음을 떠나서 내가 올린 영상 콘텐츠를 통해 돈을 벌 수 있다는 가능성을 확인했다. 그게 나의 시작이었다. 그러던 수익이 2월에는 40만 원이 되고, 3월에는 140만 원, 8월에는 465만 원을 기록했다.

2년 반이 지난 지금 이 시점에 내가 운영 중인 〈김작가TV〉 채널은 어느덧 구독자 87만 명을 돌파했다. 이제는 세상이 바뀌어 부를 축적하는 새로운 방식이 등장했고, 전에 없던 방법으로 수익을 창출하는 새로운 부자들의 시대라는 것을 받아들일 수밖에 없었다. 유튜브를 시작한 2018년 10월 29일 이전과 그 이후의 내 소득은 꽤 차이가 크다. 그리고 그 비결을 설명하라고 하면 온종일 해도 모자라겠지만, 딱 한 가지만 말하라고 하면 다른 세상의 가능성을 내 눈으로 봤기에 직접 뛰어들 수밖에 없었다는 것이다.

많은 사람이 지금은 유튜브가 트렌드임을 알고 있다고

말한다. 하지만 그건 틀린 말이다. 그들은 유튜브가 트렌드라는 것을 알고 있는 것이 아니라, 그저 남의 일처럼 밖에서 구경하고 있을 뿐이다. 유튜브가 트렌드임을 제대로 알려면, 그 위에 올라타야 한다. 본인이 직접 그 트렌드 안에 있어야 진짜 유튜브의 세상을 알 수 있다.

시기별로 필요한 사람이
따로 있다

사람이 성장하는 데는 경험이 중요한데, 이 경험은 또 직접 경험과 간접 경험으로 나뉜다. 직접 경험은 내가 직접 일을 하거나, 학교에서 공부하며 학위를 취득하는 것이다. 하지만 시간은 제한적이기에 우리가 모든 것을 직접 다 경험할 수는 없다. 그래서 나는 간접 경험으로 사람을 만나는 것을 강력하게 추천한다.

지방대를 졸업한 서른 초반의 내게는 학벌에 대한 콤플렉스가 있었다. 대한민국과 세계 최고의 학벌을 가진 사람들을 만나 학벌에 대한 내 콤플렉스를 무너뜨리고 싶었다. 그래서 국내는 서울대, 연세대, 고려대 졸업생을, 해외는 하버드, 스탠퍼드, MIT 등의 졸업생을 만났다. 학사, 석사, 박사 등 가리지 않았다.

또한, 나는 사람들에게 삶의 변화를 돕고 동기부여를 해주는 글을 쓰고 싶었다. 그래서 베스트셀러 작가들은 어떻게 글을 쓰는지 알기 위해 자기계발, 경제경영, 소설 등 각 분야에서 이미 성공을 거둔 작가들을 만났다.

그리고 나는 성공하고 싶었다. 우리 사회에서 어떻게 하면 성공할 수 있는지 배우기 위해서 대기업과 외국계 기업의 CEO, 공군참모총장, 국회의원, 시장, 장관 등을 만났다. 이른바 높으신 분들을 만났기에 회장님 전용 엘리베이터를 타보는 등의 독특한 경험도 했다.

그 후 개인적으로 배움을 청한 시간을 묶어 하나의 가치 있는 콘텐츠로 만들고 싶었다. 그때부터 주제를 선정해 인터뷰를 하기 시작했다. 취업에 관한 책을 쓰고 싶어 대기업, 중견기업, 외국계 기업 등 총 100개 기업 인사담당자를 인터뷰해 『인사담당자 100명의 비밀녹취록』이라는 책을 출간했다. 몰입에 관한 책을 쓰고 싶어 1988년 서울 올림픽부터 2016년 리우 올림픽까지 금메달리스트 중 서른세 명을 심층 인터뷰해 『최후의 몰입』이라는 책을 출간했다.

공부에 관한 책을 쓰고 싶어 1993년부터 2018년까지 역대 수능 만점자 중 서른 명을 인터뷰해 『1등은 당신처럼 공부하지 않았다』라는 책을 출간했다. 유튜브에 관한 책을 쓰고 싶어 대한민국 탑 크리에이터 스물세 명을 인터뷰해 『유튜브 젊은 부자들』이라는 책을 출간했다.

그렇게 10년 동안 나는 1,000명이 넘는 성공한 사람을 만났다. 그 인터뷰를 통해 책을 출간했고, 그 후에는 영상을 만드는 인터뷰에 있어 가장 전문적인 사람 중 한 명이 되었다.

자, 이제 누구를 만나야 하는지 힌트를 찾았는가? 지금 내가 고민하는 분야에서 잘하고 있는 사람을 만나면 된다. 만약, 은행원이 되고 싶다면, 갓 졸업한 신입 행원을 만나보고, 은행 지점장을 만나보고, 금융 전문가를 만나보면 된다. 관련 담당자를 만날 방법은 많다. 학교의 취업 지원센터를 찾아가도 되고, 은행 지점을 찾거나 금융 관련 행사를 찾아가도 된다. 그리 어려운 방법들이 아니다. 직장인은 어떤 사람을 만나야 할까? 자신의 업종에서 종사한 선배들을, 자신의 직무에서 전문가라 불리는 사람들을 만나야 한다.

한 가지 팁을 더 주자면, 업종과 직급을 잘 구분해서 만나야 한다. 한식집을 창업하겠다는 사람이 일식집에서 일한다고 배우는 것이 많진 않을 것이다. 꽃집을 창업하겠다는 사람이 의류 매장에서 일한다고 배우는 것이 많진 않을 것이다. 자신이 하고자 하는 분야와 밀접하게 관련된 사람을 만나야 한다.

직급은 세 단계 정도로 분류해서 비중을 나누는 것이 좋다. 만약 내가 사원이라면 사원, 대리급에서 잘하고 있는 사람을 50%, 과장, 팀장급에서 잘하고 있는 사람을 30%, 임원급에서 잘하고 있는 사람을 20% 정도로 나누는 것이 좋다. 사원, 대리급의 사람이 임원급의 하루만 계속해서 본다고 배우는 것이 많진 않을 것이다. 내가 당장만나야 하는 사람은 현재 내 위치에서 잘하고 있는 사람이다. 그들을 만나 지금 당장 해야 할 것들을 해나가면서,

미래에 내게 필요한 역량을 미리 조금씩 준비하는 것이
좋다.

이제 정답을 알았으면 그것을 어떻게 채워나갈지, 어떻
게 보여줘야 할지 고민하면 된다. 시간은 당신 편이다.

책 속에 사람이 있다

우리가 성공한 사람들을 직접 만나기는 쉽지 않다. 현재의 내 위치에서 만날 수 없는 사람일 수도 있고, 물리적으로 시간적으로 한계가 있을 수도 있다. 그럴 때 필요한 것은 성공한 사람의 내공이 담겨 있는 책을 읽는 것이다. 나도 마찬가지였다. 1,000명이 넘는 성공한 사람을 만났기에, 3,000권이 넘는 독서를 했기에, 오랜 시간 작가로 살아온 나이기에 확실히 말할 수 있다. 책 한 권을 읽는 것은, 그 사람을 한 번 만나는 것 이상의 가치가 있다는 것을. 왜냐하면 그 책 한 권에는 그 사람 인생 전체가 담겨 있기 때문이다. 내가 아는 지인 중 책을 왜 읽어야 하는지 그 이유를 가장 잘 와닿게 설명해준 한 사업가의 이야기를 전할까 한다.

"제 인생을 바꾼 건 그냥 책을 읽기 시작한 거예요. 왜냐면 제가 책을 읽기 전까지는 진짜 보잘것없는 인생이었거든요. 사회생활에 적응하지 못하고 집안에만 틀어박혀 사는 은둔형 외톨이가 바로 저였어요.

그러던 제가 아르바이트를 시작했는데, 거기 있던 여자들과도 대화를 잘해보고 싶은 마음이 들었어요, 그래서 어떻게 할까 고민하다가 책을 읽기로 한 거죠. 뭔가 잘하고 싶은 게 있었고, 책에 답이 있을 것으로 생각하고 펼친 것뿐이었어요. 그런데 진짜 게임공략집처럼 문제를 해결할 방법이 쓰여 있더라고요.

물론 실전과 이론의 차이는 있었어요. 그래도 확실한건 나 혼자만 생각했을 때보다는 확률이 훨씬 높아진다는 거예요. 결국 그 확률을 높이는 게 인생이란 게임에서 승리하는 길인 거잖아요. 내 머리로 생각하는 것에는 한계가 있어요. 남들보다 앞서가기도 어렵고 남들보다 뛰어난 생각을 하기도 어렵죠. 그런데 책이 그걸 할 수 있게 도와줘요. 책을 읽고 내게 도움이 되는 것을 하나씩 적용하다 보면 조금씩 성공 확률이 높아지는 거예요. 나 혼자 생각했을 때 10%였던 확률이, 책을 읽으면 50%쯤으로 높아지는 거죠. 그걸 인생에서 수십, 수백 번 반복하면 탄력을 받게 되어 있어요.

책을 읽어도 안 되는 경우는 한 가지뿐이에요. 자기 고집이 너무 센 거죠. 내가 다치는 게 싫고 상처 받는 게 두려워서 자기 생각을 안 바꾸려고 해요. 내 생각을 바꾸는 것 자체가 자존심 상하는 일인 거죠. 그래서 책을 읽더라도 기존의 내 생각을 더 강화해주는 것만 반복해서 본다거나, 책을 그저 읽는 척만 한다거나, 책을 읽더라도 실행하지는 않는 거죠. 나를 보호하기 위해 고집을 부리는 건데, 실은 그 반대예요. 그 편협함이 내 성장을 가로막으니까요. 새로운 책을 읽고 내 생각이 틀렸다는 것을 깨달아야 발전이 있고 행동도 바꿀 수 있습니다. 하지만 자기가 틀렸다는 걸 인정할 수 없다면 책을 읽어도 아무런 의미가 없죠. 100m 달리기 선수가 되기 위해서는 빠르게 달리는 걸 반복적으로 훈련해야 하는데, 그냥 매일 천천히 세 시간씩 걷는 연습을 하는 꼴이에요.

인간에겐 이미 결정되어 있는 게 많아요. 타고난 유전자도 그렇고, 내가 성장해온 환경도 마찬가지죠. 그걸 바꿀 수 있는 유일한 게 책이에요. 제가 연봉 10억이 될 수 있었던 비결도 다 책에 있었어요. 책을 읽고 똑똑한 사람들을 만나 대화하면서 인생 역전을 할 수 있었어요. 살다 보면 운은 정말 많이 찾아와요. 문제는 그걸 제대로 잡지 못한다는 거죠. 운이 들어올 기회를 놓친다는 건 판단력이 떨어진다는 얘기예요. 의사결정을 잘하지 못하는 거죠. 그런데 이 판단력을 높이고 더 나은 의사결정을 할 수 있도록 도와주는 게 책이에요. 식상한 답 같지만 이게 정답이에요. 사람들은 특이한 비법 같은 것을 찾고 싶어 하지만 세상에 그런 건 없는 것 같아요.

사실 지금도 계급이 대물림되는 세상이죠. 그래서 중산층으로 태어난 사람은 커서도 중산층으로 살아가고, 재벌로 태어난 사람들은 커서도 재벌로 살아가죠. 안타깝지만 받아들일 건 받아들여야 해요. 하지만 완전히 기회가 없는 건 아니에요. 우리에게 주어진 운을 바꿀 수 있는 게 책이에요. 우리가 만날 수 없는 사람도 책으로는 만날 수 있어요. 오히려 실제 만나는 것보다 더 내밀한 이야기도 들을 수 있고요. 그래서 저는 책을 읽으라고 얘기하고 싶어요. 책을 읽으며 자극을 받고 더 나은 내가 되려고 노력할수록 운을 만날 확률이 더 높아지니까요."

2장

관찰

파도의 움직임을 읽을 수 있는가?

팬데믹으로 변화의 속도는 더욱더 빨라졌다.
모든 것이 모바일 기기 하나로 가능해진 디지털 세상에
발로 뛰고 직접 경험하며 부딪치기에는
세상이 변하는 속도가 너무 빠르다.
빨라진 속도만큼 그 변화의 흐름을 제대로 읽을 줄 알아야 한다.
클릭 몇 번으로 방구석에서 세상을 읽을 수 있는 시대,
지금 당신은 무엇을 보고 있는가?

당신이 보고 듣는 것에
당신의 미래가 있다

어릴 적 내 외모에 콤플렉스를 가진 적이 있다. 키가 작고, 작은 체구인 것은 어쩔 수 없었지만, 눈 밑에 있는 다크서클로 인해 "어제 잠을 잘 못 잤니?" "요즘 피곤한 일 있니?"라는 말을 시도 때도 없이 듣는 건 곤욕이었다. 그러던 어느 날 성형외과에 가서 눈 밑의 다크서클을 없앨 방법이 없는지 물어봐야겠다는 생각이 들었다. 마침 친구들을 만나러 대구에서 가장 번화한 거리인 동성로에 나와 있었는데, 성형외과가 이 근처에도 있을까 하고 고개를 돌리다 깜짝 놀라고 말았다.

거리에 성형외과가 너무나 많았기 때문이다. 여태껏 나는 그렇게 자주 동성로에 나왔음에도 그걸 전혀 보지 못했다. 그때 알았다. 우리는 눈으로 세상을 온전히 바라보고 산다고 착각하지만, 실은 복잡하고 바쁜 세상에서 모든 것을 볼 수가 없기에 목표와 관심사라는 필터를 통해 여과된 세상만 바라보며 산다는 것을. 생각해보면 당연하다. 경찰들은 우리 삶의 주변에서 흔히 볼 수 없는 마약범이나 도둑을 척척 잡아내고, 예술가들 역시 일상에서 예술에 대한 아이디어를 얻지 않는가? 우리는 모두 내가 보고 싶은 것, 내가 볼 수 있는 것만 보고 사는 것이다.

앞서 말했듯 나는 대학 시절 열일곱 번의 공모전에서 상을 받았다. 입상 비결로는 열심히 하고 잘한 것도 있겠지만, 무엇보다 중요한 것은 내가 상을 받을 수 있는 공모전을 찾아 참여했다는 것이었다. 달리기 선수가 수영 대회에 나갈 수 없듯이, 나 역시 수많은 공모전 중 나에게 맞는 공모전을 찾는 것이 먼저였다. 이를 위해 당시 나는 공모전과 관련한 거의 모든 홈페이지와 커뮤니티를 수시로 뒤졌고, 대학생들이 보는 신문이나 잡지도 꾸준히 구독했다. 당연히 다른 친구들보다 훨씬 많은 공모전 정보를 알게 되었고, 내게 딱 맞는 대회를 찾아 참가할 수 있었다. 내 목표와 관심사 덕분에 내가 도전할 수 있는 공모전을 귀신같이 알아냈고, 그 결과가 나를 수상으로 이끌어준 것이다.

당신의 관심사를 알 방법은 간단하다. 지금 당장 내가 인터넷에서 뭘 검색했는지, 휴대폰을 켰을 때 주로 어떤 앱을 사용했는지, 퇴근 후 어떤 동호회에 나가고 있는지 확인하면 된다. 인터넷에서 책과 관련된 콘텐츠를 주로 검색하고, 독서 모임에 나가고, 매일 글쓰기를 하는 사람이라면 분명 그는 언젠가 독서 이력이 풍부한 교양 있는 사람이 되거나, 직장을 다니면서도 책을 출간하는 작가가 되어 있을 것이다.

'오랫동안 꿈을 그리는 사람은 마침내 그 꿈을 닮아간다'는 프랑스 소설가 앙드레 말로의 말처럼 우리가 보고, 듣고, 경험하는 나날이 모여 우리의 미래가 된다. 수업 시간이나 근무 시간 외에 당신은 무엇을 하고 있는가? 맛집을 찾고 여행을 다니는 것도 좋지만 그것뿐이라면 곤란

하다. 당신이 꿈꾸는 미래가 있다면 그 미래에 도착하기 위해 더 많은 시간을 써야 한다. 특히 경제적 자유가 목표라면 돈을 쓰고 즐기는 것만으로는 절대 원하는 미래에 도착할 수 없다. 즐길 땐 즐기고 여유를 만끽하더라도, 그 이상으로 많은 시간은 내가 남들보다 특별히 더 좋아하는 일, 남들보다 조금이라도 더 잘하는 일이 무엇인지 찾아 그것을 위해 써야 한다. 아무런 목표도 관심사도 없는 사람에게 운은 자기 모습을 드러내지 않는다. 어떻게 살아야 할지 모르겠다면, 우선 지금 내가 보고 듣는 것부터 다시 점검하자.

나의 목표 및 관심사 찾기

네이버, 유튜브, 인스타그램 등에서 주로 검색하는 키워드는 무엇인가?
1
2
3
4
5

유튜브, 페이스북, 인스타그램, 블로그 등에 주로 올리는 콘텐츠는 무엇인가?
1
2
3
4
5

데이터는 이미
세상의 변화를 알고 있다

2019년 4월 당시 여섯 살이었던 유튜버 보람튜브의 가족회사가 95억 원 상당의 청담동 빌딩을 매입했다는 소식이 온갖 신문 기사, 방송 뉴스를 도배했다. 보람튜브의 주된 콘텐츠는 보람 어린이의 일상이나 장난감 리뷰 등의 키즈 관련 영상이다. 소셜 미디어의 통계를 분석하는 소셜블레이드에 따르면 당시 보람튜브는 한국 유튜버 광고 수익 1위를 차지했다. 당시 보람튜브가 운영 중인 두 채널의 월 광고 수익 추정치는 최소 3억 원에서 최대 51억 원 정도였다. 못해도 월 10억 정도의 수익은 거뜬히 잡혔을 것이다.

당시 여론은 온갖 비난으로 가득했다. 애를 팔아서 돈을 번다느니, 아동 학대라느니 하는 소리가 많이 나왔다. 실제로 보람이는 보람튜브에서 아빠의 지갑을 훔치고 자동차를 운행하는 등 자극적인 콘텐츠에 이용되는 경우가 종종 있었다. 그 때문에 아동학대로 보호처분을 받은 적도 있었다. 그 후 키즈 채널에는 여러 규제가 생겼고, 보람튜브는 2019년 12월 23일 이후로 더는 영상이 올라오지 않고 있다.

이쯤에서 솔직해져 보자. 당시에 생긴 부정적인 여론에는 질투에서 비롯된 감정도 크지 않았을까? 여섯 살 어린아이가 그렇게 많은 돈을 번다고 하니, 괜한 허탈감과 박탈감에 시달린 어른도 많았을 것이다.

하지만 이때 우리가 해야 했던 일은 질투 섞인 말이 아니라 이 채널이 가진 영향력을 체감하는 것이었다. KBS에서 방영하는 TV 유치원 프로그램의 시청률 0.4%인데, 집에서 여섯 살 어린이가 나와 장난감을 갖고 노는 두 채널의 구독자 수는 3800만 명이다. 누적 조회 수는 123억

회에 달한다. 그 결과 2016년 5월에 유튜브 채널을 개설한 후 불과 3년 만에 95억 원 상당의 빌딩을 샀다.

이게 나와 전혀 상관이 없는 일일까? 보람튜브는 어떻게 그렇게 큰돈을 짧은 기간 안에 벌 수 있었을까? 나도 그렇게 돈을 벌 수 있을까? 그러려면 무엇을 어떻게 해야 할까? 만약 보람튜브의 청담동 빌딩 구매 기사를 보면서 이런 식으로 내가 해야 할 일을 생각했다면, 내가 준비하는 미래 또한 완전히 달라졌을 것이다.

방송 생태계가 바뀌면 광고 시장이 바뀐다. 제일기획에 따르면 2020년 지상파TV, 종편, 라디오, IPTV 등을 합친 전체 방송 광고 시장은 전년 대비 8.5% 감소했고, 신문, 잡지 등 인쇄 광고 시장은 전년 대비 4.8% 감소했다. 영화관을 비롯한 옥외 광고 시장은(OOH) 전년 대비 무려 27.2% 감소했다. 반면, 디지털 광고 시장은 전년 대비 13% 증가했으며, 특히 모바일 분야에서 지속적인 상승 추세를 보인다. 2020년 국내 총 광고 시장에서 디지털 광고가 차지하는 비중은 47.6%까지 치솟았다.

펜데믹으로 인한 비대면 환경 때문에 발생한 일시적 현

상으로 해석할 수도 있다. 하지만 전부터 지상파 3사의 영향력은 계속 줄어들고 있었다. 방송통신위원회 '연도별 시청 점유율' 조사를 보면 KBS·MBC·SBS 지상파 3사의 시청 점유율 합계는 2012년 63%에서 2019년 43%까지 떨어졌고, 방송통신위원회가 지난해 발간한 《방송 사업자 재산 상황 공표집》에 따르면 KBS는 광고 수익이 2016년 4207억 원에서 2018년 3327억 원으로 880억 원이나 줄었다. MBC와 SBS 또한 마찬가지 흐름이다.

사람들은 이제 TV가 아니라 모바일 기기로 영상을 본다. 아니 TV를 켜더라도 유튜브나 넷플릭스로 직행한다. 사람들은 더 이상 내가 좋아하는 방송 프로그램이 나오는 시간에 맞춰 TV 앞에 모이지 않는다. 스마트폰이 사람들의 영상물 시청 패턴을 완전히 바꾸었고 미디어 생태계를 흔들어놓았다.

그렇다면 한국인은 어떤 앱을 가장 오래 사용하고 있을까? 와이즈앱/와이즈리테일에 따르면 2021년 4월 한국인이 가장 오래 사용한 모바일 앱은 유튜브로 680억 분에 달한 것으로 조사됐다. 2위 카카오톡의(292억 분) 두 배를 훌쩍 넘어섰다.

사용 시간이 길다는 건 그만큼 해당 앱에서 발생하는 광고 매출이 크다는 걸 의미한다. 2021년 1월 유튜브 앱을 사용한 국민은 국내 스마트폰 사용자 4568만 명 중 4041만 명으로 무려 88%이다. 평균 사용 시간은 하루 한 시간이다. 유튜브는 이제 명실상부 국내 미디어 시장의 표준 플랫폼이 된 것이다. 데이터가 그렇게 말한다. 내가 앞으로 공부해야 할 영역이 방송, 광고, 유통 쪽이라면 이쪽을 봐야 한다. 아니, 무슨 업계에 종사하든 내 제품과 서비스를 판매하고 싶다면 이쪽을 봐야 한다.

심지어 KBS가 발표한 〈2020년 3분기 미디어 신뢰도 조사〉에 따르면 '가장 신뢰하는 언론 매체'를 묻는 말에 KBS, MBC, JTBC, TV조선을 이어 유튜브가 다섯 번째 자리를 차지했다. '방송은 그래도 KBS, MBC, SBS지, 일개 유튜브 따위가!' 같은 세상이 아니다. KBS 뉴스 채널이 구독자 100만 명 돌파를 기념해 유튜브로 실시간 스트리밍 〈골드버튼 언박싱 특집〉을 하는 세상이다. 세상은 이미 바뀌었다. 이제 우리가 알고 있는 세상은 없다. 우리

사회에 거대한 변화가 일어나고 있는데 아직도 외면하고
있는 사람들이 있다. 우리도 초기화 버튼을 누를 때가 되
었다.

순간의 선택들이 모여
나의 운이 된다

인생은 선택의 연속이다. 학창 시절 때만 해도 친구들과 놀지 학교 숙제를 먼저 할지를 선택해야 했다. 그런 순간의 선택들이 모여 지금의 내가 됐다. 더 나은 선택을 많이 한 학생이었다면 아마 좋은 대학에 입학할 확률도 더 높았을 것이다. 이처럼 좋은 대학은 10대 시절에 했던 선택의 결과이기도 하지만, 동시에 앞으로 더 성공할 수 있는 확률을 높여주는 원인이기도 하다. 실제로 좋은 대학에 가면 운이 좋아질 확률이 더 높아진다. 가장 큰 차이는 만나는 사람이다. 조별 과제를 함께한 팀원이 촉망받는 스타트업 CEO가 돼서 내게 동업의 기회가 생길지도 모르고, 하다못해 변호사가 된 친구가 있어 어려운 일이 닥쳤을 때 법적인 도움을 받을 수도 있다.

좋은 학교에 가는 게 무조건 더 좋은 친구, 더 뛰어난 동료를 만나 성공하게 해주는 것을 보장하는 건 아니지만 최소한 그럴 확률이 더 높아지는 건 부인할 수 없는 사실이다. 우리가 하는 대부분의 노력 역시 이런 성공에 대한 확률을 높이기 위함이 아닐까? 그래서 여기서는 선택을 잘하는 방법에 대해 이야기를 해볼까 한다.

첫째, 옳은 선택을 하기 위해서는 '지금 당장'이 아닌 '다음'의 상황을 내다봐야 한다. 지금의 힘든 상황에 매몰되면 아무런 답이 보이지 않는다. 수백억대의 자산을 가진 어느 CEO가 내게 말했다.

"어릴 때 항상 '왜 나만?'이라는 생각을 많이 했어요. '왜 우리 집만 가난하고, 왜 우리 집만 밥을 굶고, 왜 나만 학비가 없는지' 받아들이기가 힘들었어요. 주변에는 그런 사람이 아무도 없었거든요. 그런 쓸데없는 고민을 하는 데 너무 많은 시간을 허비했어요. 그 순간을 탓할 게 아니라 '지금 상황이 안 좋으니 뭔가 일을 해서 빨리 돈을 벌어야겠구나'라고 생각해야 했는데 말이죠. 고3이 됐을 때 겨우 그런 생각을 버리고 열심히 공부할 수 있었어요. 그래서 대학에 들어갔고, 대학생이 된 후엔 직접 아르바이트를 해서 학비와 생활비를 벌 수 있었죠. 노력한 만큼 보상이 돌아온다는 사실을 그때 깨달았고, 그제야 진짜 제 삶이 시작됐어요."

지금의 내 부모를 탓하고 내가 속해 있는 환경을 탓한다고 바뀌는 건 아무것도 없다. 말도 안 되는 허황된 상상을 하며 요행을 바라지 말고, 지금 내가 할 수 있는 것, 그래서 다음에 찾아올 기회를 잡기 위해 준비할 수 있는 것을 생각해야 한다. 어떤 사람을 만날지, 어떤 일을 할지 등 모든 선택의 순간에 '내가 이 사람을 만나서 잘되면 뭐가 될 수 있을까? 내가 이 일을 함으로써 얼마나 더 많은 일이 벌어질 수 있을까?' 등 지금이 아닌 다음을 생각한다면 더 현명한 답을 내릴 수 있다.

둘째, 실패하더라도 다음이 있다는 사실을 기억하자. 지인 중 지금은 충분히 성공했지만, 과거에 좋은 기회를 놓친 사람이 있다. 그는 내게 이렇게 말했다.

"지금 돌이켜보면 안타깝게 놓친 운도 제법 많아요. 예전에 한 기업에서 임원 제안을 받았는데 거절한 적이 있어요. 그때 제가 입사했으면 스톡옵션을 받았을 텐데 그게 지금 가치로 치면 300억 원쯤 돼요. 그 기업이 배달의민족으로 유명한 우아한형제들인데 그때는 이게 이렇게 잘될지 전혀 생각하지 못한 거죠. 한 사람이 살면서 세 번의 큰 운이 온다고 하는데 정말 잘 새겨둬야 하는 말인 것 같아요. 세 번 오니까 한두 번 놓치더라도 그다음 운만 잘 잡아도 되는 거잖아요. 자신이 기회를 놓쳤다는 걸 알면, 다음 공이 날아올 때 더 집중해서 보게 되겠죠. 과거에 지나간 일에 연연할 필요 없이 다음에 오는 공을 잘 보는 게 중요한 거예요. 다음 기회를 놓치지 않으면 성공 확률은 높아질 테니까요."

누구에게나 운은 찾아온다. 마침 어떤 이유로 일이 꼬여서 그 운이 날아가 버릴 수도 있지만, 운은 반드시 다시 찾아온다. 인생을 1년밖에 못 살면 기회가 한 번에 불과할 수도 있겠지만, 80년 넘게 사는 인생이기에 그 한 번을 놓쳤어도 다음에 기회는 또 찾아오기 마련이다. 그런데도 준비가 되어 있지 않으면 기회가 여러 차례 다시 오더라도 모두 놓칠 수밖에 없다. 그러니 이번에 실패했다면 반드시 다음 기회가 있음을 기억하고 지금 내가 할 수 있는 것을 잘 준비해야 한다.

셋째, 선택을 잘하기 위해서는 실력을 쌓아야 한다. 한 증권사 임원이 내게 해준 말이다.

"살면서 뭔가 선택해야 하는 상황은 매번 옵니다. 그 순간 올바른 선택을 하느냐, 못 하느냐는 내 실력에 달려 있어요. 예를 들어 비트코인이 1만 달러일 때 누군가 매수를 권해서 조금 투자를 했다고 쳐요. 그런데 그게 6만 달러까지 가자 조급한 마음에 왕창 대출해서 더 넣었다면 지금 반토막이 됐을 거잖아요. 그런 사람들은 '난 운이 없어'라고 얘기하겠지만, 이건 그 문제가 아니죠. 열심히 공부해서 실력을 쌓은 사람이라면 비트코인이라는 게 오를 수도 있고 떨어질 수도 있는 자산임을 이해하고 무리하게 돈을 빌려 투자하는 선택은 하지 않았을 거예요. 운을 잡냐, 못 잡냐는 내가 얼마나 아느냐, 모르느냐에 달려 있기도 한 거죠."

　내 실력만큼 선택할 수 있다는 얘기다. 지금 내가 하는 선택은 그동안 쌓은 내 경험과 내공의 결과이다. 우리는 그 이상의 것을 선택할 수 없다. 에이브러햄 링컨은 "나이 마흔이 넘으면 자기 얼굴에 책임을 져야 한다"고 말했다. 한 사람의 얼굴에 그의 성격과 태도가 다 드러난다고 본 것이다. 나는 거기에 얼굴 말고 다른 한 가지 요소를 덧붙이고 싶다. 바로 선택이다. 그 사람의 선택을 봐도 그 사람의 본질을 잘 알 수 있다.

　둘 중 어느 쪽이 올바른 선택이었는지는 나중에 결과가 나와봐야 알 수 있다. 물론 모든 선택이 다 그런 건 아니다. 대부분의 선택은 좋은 선택과 나쁜 선택으로 이미 나뉘어 있는데 많은 사람이 나쁜 선택인 줄 알면서도 더 쉽고 편하다는 이유로 그걸 고르기도 한다. 그러니 그 사람이 어떤 선택을 해왔는지를 보면 그 사람의 10년 후 삶이 눈에 보인다. 그리고 그것을 우리는 실력이라고 부른다. 실력이 있는 사람은 좋은 선택을 하고 그 선택으로 내가 성공할 확률을 높인다. 운은 불확실의 요소이지만, 실력이 쌓여 있으면 내게 유리한 확률의 게임으로 가져올 수 있는 것이다.

결국 운이란 세상이 내게 던진 수많은 질문과 기회에 대한 나의 선택이다. 세상이 내게 던진 수많은 선택지에 대한 나의 답이 모두 합쳐 나의 운을 만든다. 그래서 난 여러분이 좋은 선택을 할 수 있는 역량을 기르기를 바란다. 매일 하는 작지만 옳은 선택이 쌓여 복리로 불어나는 게 결국 성공의 메커니즘 아닐까.

운이 들어오는 경로는 4가지뿐

운은 어떤 통로를 통해서 우리에게 오는 걸까? 이번 책을 집필하면서 알게 됐는데, 놀랍게도 그 경로가 네 개밖에 없었다. 모두 살면서 이 네 가지 경로를 분명히 인식한다면 더 좋은 운이 들어오게 할 방법까지 터득할 수 있을 것이다.

첫 번째는 유전적, 선천적 요인이다. 좋은 집안에서, 좋은 유전자를 갖고 태어난 것은 분명 자기 복이다. 특히 신체적인 능력이 큰 영향을 미치는 스포츠 분야에서 이런 경향은 더 두드러지게 나타난다.

유전적, 선천적 요인	시대적, 환경적 요인
운	
관계적 요인	개인적 요인

육상선수인 우사인 볼트는 당대의 경쟁자들이 감히 따라가지 못할 정도의 실력을 과시하며 100m 9.58초라는 신기록을 세우고 금메달을 따냈다. 그의 기록이 더 놀라운 것은 그가 게으른 천재로 불리기 때문이다. 몸에 달라붙는 느낌이 찝찝하다고 공기저항을 줄여주는 최신 소재의 경기복을 입지도 않고, 평소 식단 관리도 특별히 하지 않는다. 경기 전에는 자신이 좋아하는 맥너겟을 먹고 뛰어 세계 신기록을 수립한다. 우사인 볼트의 성과를 논할 때 과연 타고난 재능을 빼놓을 수 있을까? 뿐만 아니라 우리는 전 세계 곳곳에서 당대 최고의 스포츠 스타를 아버지로 둔 2세들이 마찬가지로 각 분야에서 엄청난 활약

을 하는 것을 목격하고 있다.

다행인 건 이런 사람은 극소수라는 것이다. 운이 좋아 타고난 재능이 압도적이면 성공에 더 빨리 다가설 수 있겠지만, 이건 뭐 우리가 어찌할 수 없는 부분이다. 운이 들어오는 다른 세 통로도 있으니 너무 아쉬워할 필요는 없다.

두 번째는 시대적, 환경적 요인이다. 시대가 시간적인 개념이면, 환경은 공간적인 개념이다. 재능 있는 연예인이라고 해서 무조건 뜨는 걸까? 재능을 타고난 연예인이 아무리 노력해도 그 시대와 맞지 않으면 제대로 빛을 보지 못한다. 내가 언제 어디에서 노력을 기울이고 있는지에 따라 성공의 운명이 바뀔 수 있다는 얘기다. 한국에서도 많은 사람이 관람한 『서칭 포 슈가맨』이라는 다큐멘터리 영화가 있다. 로드리게스는 미국에서는 아무도 알아주지 않는 은퇴한 가수인데 남아공에서는 자신도 모르는 사이에 밥 딜런에 버금가는 슈퍼스타가 되어 있었다. 그에게 맞는 공간적 운은 남아공이었던 것이다.

시대적인 운은 내가 좋아하고 잘할 수 있는 일이 지금

내가 사는 이 시대와 얼마나 적합성이 높은지에 달려 있다. 뛰어난 재능을 가졌음에도 시대보다 너무 앞서 나가서 본인이 살던 당시에는 아무런 빛을 보지 못하다가 사후에 그 가치를 다시 인정받은 비운의 예술가도 많다. 하지만 시대적, 환경적 요인에는 유전적 요인과 다르게 우리의 노력이 개입할 여지는 어느 정도 열려 있다.

그건 바로 시대를 읽는 눈이다. 현대사회에서의 시간은 그 어느 때보다 압축적이다. 업종을 막론하고 그 안의 생태계가 굉장히 빠르게 바뀌고 있다. 예를 들어 사양산업처럼 보이는 출판업이라고 해도 그 안에서 시대의 흐름에 맞게 빠르게 전략을 수정한 출판사는 예전보다 훨씬 더 큰 성과를 내고 있다. 유튜브나 인스타그램에 자체 채널을 갖거나 인플루언서 마케팅을 통해 새로운 저자와 새로운 독자를 확보해 나간다. 반대로 시대가 바뀌었음에도 예전처럼 서점 영업이나 신문 광고 등에만 목메는 출판사는 점차 경쟁에서 뒤처진다.

이건 그냥 자기 할 일을 열심히 하는 것과는 별개의 문제다. 과거와 달리 단순한 성실성만으로는 생산성의 혁신을 이뤄낼 수 없다. 성실성을 기본으로 한 창의성이 필요하다. 이건 운의 영역만은 아니다. '시대를 잘 만났다'는 말은 어쩌면 우리의 노력 여하에 따라 '시대를 잘 읽었다'는 말로 대체될 수 있다. 자신이 하는 노력이 밑 빠진 독에 물 붓는 격은 아닌지 잘 돌아봐야 한다.

세 번째는 관계적 요인이다. 우리는 어떤 사람을 만남으로써 나의 잠재력을 폭발시킬 기회를 얻기도 한다. 박지성 선수가 히딩크 감독을 만난 것처럼, 가수 비가 제작자 박진영을 만난 것처럼, 성공한 사람에게는 자신의 재능을 발견해주고 앞으로의 길을 이끌어준 사람이 있다. 내게 실력이 있다고 적절한 시기에 그런 사람을 딱 만날 수 있는 건 아니기에 사람과의 만남에도 운이 필요하다. 조금이나마 그 확률을 높이기 위해서는 여기저기 씨를 뿌려야 하는데, 역시 씨를 뿌리기 위해서는 많은 사람을 만나야 한다. 나의 가능성을 많은 사람에게 인지시킬수록 나를 끌어줄 좋은 사람을 만날 확률도 늘어나는 것이다.

네 번째는 개인적 요인이다. 이건 나 자신의 노력을 말한다. 비중으로 따지면 전체의 4분의 1에 불과하지만, 사실 이 개인적 요인이 없으면 나머지 요인이 차고 넘쳐도 아무 소용이 없다. 결국 자기 자신의 노력이나 의지에 다른 외부적 요인이 더해져서 성공의 운을 만들어내는 것이기 때문이다. 개인적 요인을 구성하는 세부적인 요소는 이것저것 많이 있겠지만 여기서는 딱 한 가지만 언급하고자 한다. 바로 '행동'이다. 운을 잡으려면 시대를 보는 안목을 가지고 준비가 되어 있어야 하는데 그 모든 과정의 화룡점정은 행동이다. 준비만 하느라 아무 행동도 하지 않는 자에게 세상은 운을 허락하지 않는다. 이에 대해 한 화장품 회사 CEO가 이런 이야기를 들려줬다.

"결국, 뭔가를 행동으로 옮겼다는 게 중요해요. 누구보다 먼저 도전해 새로운 아이템으로 창업을 하고 제품을 낸다는 건 다 실천의 영역이에요. 이런 행동이 선행되어야 나중에 좋은 시장이 왔을 때 그 운을 자신의 것으로 만들 수 있죠. 저흰 마스크 팩을 만들어 중국에 진출해 성공한 기업인데, 별것 없이 운이 참 좋았다는 얘기를 많이 들었어요. 사실 마스크 팩은 누구나 쉽게 만들 수 있는 거긴 하니까요. 그런데 저희가 빠르게 중국에 진출했고 마침 그때 한류 화장품 붐이 확 일어났어요. 운이 좋았던 게 맞죠. 지금 다시 하라고 하면 절대 못 할 거예요. 하지만 저희가 성공할 수 있었던 건 미리 행동했기 때문이었어요. 미리 제품을 만들어놓고 미리 중국에 진출했기에 우리에게 들어온 시대적인 운을 우리 것으로 만들 수 있었죠."

역시 시대가 주는 운을 잡게 하는 건 빠른 실행력이다. 스스로 움직여 행동하는 것은 운을 내 것으로 만드는 최소한의 자격이라고 할 수 있다. 모바일 시대가 된 후 설립 10년도 안 되는 기업들이 1조 원 이상의 가치를 평가받는 사례가 많이 생기고 있다. 이른바 '유니콘'이라고 불리는 기업들인데, 대표적인 곳이 숙박 시설이 하나도 없는 에어비앤비, 자동차를 보유하지 않은 우버 같은 기업이다. 시대가 주는 운을 제대로 올라탄 기업이라고 할 수 있는데, 역시 그 운을 차지한 자는 남들보다 빨리 행동으로 옮긴 사람들이다. 운은 내가 쌓은 준비와 시대가 준 혜택의 교집합인 것이다.

물론, 시대를 읽고 준비해 빠르게 행동으로 옮겨도 그게 언제 터질지는 알 수 없다. 성공한 사례를 쉽게 찾을 수 있는 것처럼 실패한 사례도 얼마든지 많이 찾을 수 있다. 그래도 우리는 운이 올 때의 자격을 갖추기 위해서 내가 해야 할 일을 하며 기다려야 한다. 우리가 눈사람을 만들 때를 생각해보자. 처음엔 손이 시려워도 계속 내 손으로 눈을 뭉쳐야 하지만 어느 정도 사이즈가 되면 내 손을 떠나 눈 위에 굴리기만 해도 눈덩이가 계속 더 커진다. 운은 절대 한 번에 만들어지지 않는다. 아무도 쳐다봐 주지 않는 춥고 시린 계절을 버텨야 한다. 왜냐하면 내가 원하는 시대가 제때 오지 않을 수도 있기 때문이다. 그러다 시대와 사람, 내 노력이 만났을 때 거대한 눈덩이처럼 저절로 불어나 있는 나의 운을 확인할 수 있을 것이다. 우리는 그걸 운이 좋다고 표현한다.

시대가 주는 운을
내 것으로 만들 수 있는가?

지방대를 졸업한 내게 세상은 좋지 않은 대학이라는 핑계로 많은 기회를 주지 않았다. 서른 살의 나이에 대학을 졸업한 내게 세상은 늦은 나이라는 핑계로 많은 기회를 주지 않았다. 대구에서 서울로 온 내게 세상은 지방 사람이라는 핑계로 많은 기회를 주지 않았다.

그렇게 서울에서 살아남기 위해 고군분투했던 30대 초반 시절 왜 나는 이렇게 운이 없을까 한탄했다. 유튜브를 시작할 때도 마찬가지였다. 첫 영상을 업로드한 2018년 10월 29일부터 1년이 조금 지난 2019년 말까지 내 채널의 구독자 수는 8만 명을 겨우 달성했다. 유튜버로서 실패한 건 아니지만 그렇다고 성공한 숫자도 아니었다.

그러다 2020년 1월 전략을 조금 바꿔야겠다고 생각했다. 사람들이 재테크에 대한 관심이 커진다는 걸 느꼈기 때문이다. 그래서 관련 영상을 조금씩 올리기 시작했는데, 2020년 1월 20일 국내에 첫 코로나 19 확진자가 발생했다. 그리고 얼마 후 주식시장이 폭락했다. 주식시장이 떨어지는 것만큼 주식시장에 대한 사람들의 관심도 늘어났다. 당시 내 자산 또한 30% 이상 떨어졌기에 내가 느끼는 불안감과 초조함은 다른 사람들도 마찬가지일 거라고 생각했다. 그때 내 유튜브 구독자 수는 10만 명이었다. 그동안 유튜브에 관한 기본은 잘 다져놓고 있었기에 승부수를 던져야겠다는 생각이 들었다.

그전까지 촬영은 외부 스튜디오에서 진행했다. 그러다 보니 촬영하기 위해 소요되는 시간이 너무 많았다. 촬영 장비를 챙겨 스튜디오에서 촬영한 후, 다시 장비를 챙겨 집으로 돌아오다 보니 촬영 한 번만 해도 하루가 다 가버렸다. 나만의 스튜디오를 만들어 이동 시간, 촬영 장비 세

팅 시간 같은 불필요하게 낭비되는 시간을 없애고, 그 시간만큼 더 많은 촬영을 해야겠다고 생각했다. 그래서 마포역에 있는 월세 200만 원짜리 24평 오피스텔을 구했다. 유튜브 수익이 그리 높지 않을 때, 월세 200만 원에 영상 편집자들 월급까지 주면 남는 게 하나도 없는 수익 구조였다.

하지만 저 멀리서 파도가 오고 있는 것을 놓칠 수 없었다. 이 파도는 내가 평생 기다려온 파도였다. 그 파도를 제대로 탈 수 있는 배를 만들기 위해 이사를 결심했고, 촬영 장비를 사서 스튜디오를 꾸몄고, 편집자를 세 명으로 늘렸다. 내 인생 전부를 유튜브에 걸었다고 해도 과언이 아니었다. 지금 타이밍을 놓치면 안 된다고 생각했다. 파도가 왔기 때문에 노를 저어야 한다고 생각했다. 그렇게 매일매일 정신없이 촬영했다. 메리츠자산운용 존 리 대표, 삼프로TV 김동환 프로, 에셋플러스자산운용 강방천 회장 등을 섭외했다. 올리는 콘텐츠마다 계속해서 조회 수가 터지자, 슈퍼개미 시리즈도 준비했는데 그 콘텐츠들 역시 기대 이상의 대박을 터뜨렸다.

1월 20일 2,277이었던 코스피 지수는 불과 2개월 만인 3월 19일에 1,439를 찍었다. 정확히 같은 기간인 2개월 동안 〈김작가TV〉의 구독자 수는 10만 명이 늘었다. 처음 구독자 1만 명을 늘리는 데 걸린 시간이 6개월이었는데, 단 3일 만에 구독자 1만 명이 늘어난 때도 있었다. 2019년 한 해 동안 구독자가 8만 명 증가했던 내 채널은, 2020년에만 52만 명이 증가하며 650%의 성장률을 기록했다. 그리고 지금은 주식, 재테크 분야의 가장 큰 채널 중 하나가 되었다.

내가 유튜버로서 성공할 수 있었던 이유는 무엇일까? 유튜브 전성시대가 왔기 때문일까? 그렇다면 모든 유튜브 채널이 성공해야 하지만, 같은 시기에 있던 대부분의 유튜브 채널은 그 파도를 타지 못했다. 내게는 10년 동안 다양한 인터뷰를 하며 쌓은 차별화된 경험과 역량이 있었다. 그리고 기획, 촬영, 편집 등 유튜브 운영에 관해서도 10만 명의 구독자 수를 만들면서 어느 정도 준비가 되어 있었다.

준비가 되어 있었기에 시대가 주는 운을 만났을 때 멋

지게 올라탈 수 있었다. 무엇보다 내가 기다려온 파도가 오고 있음을 확신하고 과감하게 의사결정을 하고 실행에 옮겼다. 월세 200만 원의 오피스텔을 구할 때도, 촬영 장비를 살 때도, 영상 편집자 수를 늘릴 때도 부담이 안 되는 건 아니었다. 그런데도 고민의 시간이 길지 않았던 건 좋은 기회란 늘 그렇듯이 선착순이기에, 우물쭈물하다 지금 이 파도를 탈 기회를 다른 누군가에게 빼앗길 수도 있겠다는 각성 때문이었다.

　과감한 실행과 의사결정을 한 만큼, 또 절박한 만큼, 나는 더 열심히 했다. 시대에 맞는 타이밍을 잡기 위해서는 빠른 실행력이 필요한데, 미리 준비되어 있었기 때문에 가능한 것이었다. 돌이켜보면 세상은 내가 노력한 것보다 더 큰 성공을 가져다주었다. 그건 다 내가 시대가 주는 운을 만났기 때문이었다. 나는 운이 좋았다.

3장

속도

운의 마찰력을 줄이는 기술

무작정 열심히 하면 성공하는 시대는 지났다.
모든 것을 다 잘해야 성공하는 시대도 아니다.
투자 효과의 극대화를 위해 레버리지가 필요하듯
우리 삶에도 레버리지가 필요하다.
내가 하는 일의 효율성을 높이지 않으면
운이 들어올 확률도 그만큼 낮아진다.
그렇다면 운의 효율성을 높이기 위해
지금 내가 할 수 있는 일은 무엇일까?

인생에 있어
속도와 방향의 상관관계

많은 책과 강연에서 '인생은 속도가 아니라 방향이다'라는 말을 한다. 그러면서 방향만 제대로라면 천천히 가도 괜찮다고 우리를 토닥인다. 이 말의 의미는 성급하게 서두르기 전에 우선 올바른 방향 설정부터 잘해야 한다는 것을 뜻한다. 항공기의 비행 각도가 1도만 틀어져도 원래 가고자 했던 곳이 아닌 전혀 새로운 곳으로 갈 수 있다는 측면에서 나 또한 이 말에 동의한다. 하지만 나는 여기에 한 문장을 더 덧붙이고 싶다. '인생은 속도가 아니라 방향이다. 방향이 분명해야 속도가 붙기 때문이다.'

어디로 달려가야 하는지도 모르는데, 속도를 낼 수는 없는 법이다. 사실 우리 인생에는 내비게이션의 목적지와 같은 명확한 행선지가 없다. 행선지가 없으니 명확한 방향을 찾기도 쉽지 않은데, 그러니 속도 또한 당연히 느릴 수밖에 없다.

한 친구가 내게 인생 상담을 청한 적이 있다. 자신은 분명 하루하루 열심히 살고 있는데, 창업한 지 3년이 다 됐는데 나아지는 것도 없고 뚜렷한 성과도 나오지 않는다고 했다. 나는 그에게 하루 일과를 물어봤다. 그는 창업한 회사에서 열심히 일했고, 새로운 파이프라인을 만들기 위해 부업으로 쇼핑몰 채널을 운영했고, 퇴근 후에는 영어와 중국어도 공부했다. 바쁜 와중에 인간관계도 잘 챙겼고, 자신의 건강을 위해 헬스와 요가도 빠뜨리지 않았다. 커피도 좋아해 바리스타 자격증 취득을 위한 강좌도 들었다.

그 친구의 하루를 그림으로 그려보면 오른쪽과 같을 것이다. 삶의 밸런스 측면에서 이 그림은 아름다워 보이지만, 성과의 측면에서 보면 그리 좋은 그림이 아니다. 물론 뛰어난 재능을 가진 사람이라면 이렇게 다양한 일을 하면서도 모든 분야에서 좋은 성과를 낼 수도 있다. 하지만 대부분의 평범한 사람들은 그러기가 쉽지 않다. 무엇보다 우리의 시간과 에너지에는 한계가 있다. 게다가 각각의 분야에는 이미 재능이 있는 사람들이 우리보다 더 많은 시간과 에너지를 쓰며 좋은 성과를 내고 있다. 그러니 이 것 조금, 저것 조금 하는 방식으로는 원하는 만큼의 성과를 낼 수 없다.

이처럼 너무 많은 방향의 일을 동시에 하고 있기 때문에 속도가 붙을 수 있는 에너지원 자체가 부족한 것이 가

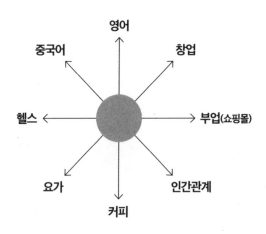

장 큰 문제이다. 좋은 성과를 내게 하는 운이 애당초 붙기 어려운 프로세스인 것이다. 우리 모두 학창 시절 물리 시간에 배웠을 것이다. 물체에 가속도가 붙어도 방향을 틀게 되면 물체에 저항이 생겨 속도가 떨어진다. 동쪽으로 시속 100km로 달리는 자동차가 갑자기 북쪽으로 방향을 틀면서 똑같은 속도로 달릴 수는 없는 법이다. 우리의 인생도 마찬가지다. 위의 친구는 여덟 가지 방향으로 달리고 있었기에 하루에 여덟 번이나 계속 속도를 떨어트리는 브레이크를 밟고 있었다.

만약 내가 그 친구라면 여덟 개의 관심사를 네 개 정도로 줄였을 것이다. 그러면 아래 그림처럼 방향성이 조금

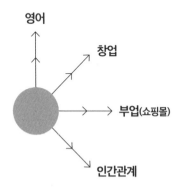

더 분명해진다. 그리고 나의 한정된 시간과 에너지를 자연스레 내가 원래 가장 집중하고자 했던 영역에 쏟아부을 수 있다. 그 힘이 내가 가고자 했던 방향에 속도를 더 붙여줄 것이다.

만약 단 하나에만 집중할 수 있다면 어떻게 될까? 그러면 분명 에너지를 집중시킬 수 있어 그 분야에서 성과를 낼 수 있는 확률이 더 높아진다.

실제로 내가 만난 성공한 창업가 대부분은 창업 외에 다른 일은 한 적이 없을뿐더러, 그럴 시간조차 없는 것이 현실이었다. 치열한 비즈니스 환경에서 다른 일에 시간과 에너지를 쓰는 여유를 부리는 것 자체가 그들에겐 불가능한 일이었다.

여러 방향으로 가면서 빨리 달릴 수는 없다. 속도에 가속도가 붙으려고 할 때쯤 내가 가진 방향의 개수만큼 저항이 생겨 브레이크가 걸릴 수밖에 없고, 결국 많은 방향을 저속으로 달릴 수밖에 없다. 토익 공부를 하루에 한 시간씩 2년 동안 한 사람과 하루에 여덟 시간씩 6개월 동안 한 사람 중 어떤 쪽 성적이 더 높게 나올까? 당연히 후자다. 영어라는 방향이 정해졌고 거기에 시간을 집중했기에 가속도가 붙는다. 관성의 법칙만 봐도 알 수 있듯이 외부에서 다른 힘이 가해지지 않는 한 모든 물체는 지금의 운동 상태를 그대로 유지하려고 한다. 달려가는 힘이 붙었다면 갑자기 멈출 수 없다.

인생은 속도가 아니라 방향이라서, 천천히 가도 방향만 제대로면 올바른 곳에 도착한다고 한다. 그 말을 너무 맹신하진 말자. 분명 멋진 말이지만 현실에서는 늦게 도착한 곳에 우리가 가져갈 수 있는 건 많지 않다. 인생에서 속도보다 방향이 중요한 건 맞지만, 그 이유는 빨리 가기 위해서다. 운에는 속도도 필요하다.

당신은 어떤 하루를 보내고 있는가?

순번	오늘 한 일	순번	오늘 한 일
1		6	
2		7	
3		8	
4		9	
5		10	

1. 오늘 하루 동안 한 일을 키워드로 써보자.

2. 당신의 목표는 무엇인가?

목표

3. 당신의 목표를 위해 한 일은 무엇이고, 얼마만큼의 시간을 썼는가?

순번	오늘 한 일	시간
1		
2		
3		
4		
5		
목표를 위해 쓴 시간의 합		

- 하루 24시간 중 8시간을 자고 8시간을 일하거나 공부한다고 하자. 남은 8시간 중 최소 4시간은 내 꿈을 위해 쓰고 있어야 한다. 목표는 있지만 목표를 이루기 위해 한 일이 없었다면 내가 지금 해야 할 일을 생각하고, 시간이 부족했다면 목표와 상관 없이 하고 있는 일 중 하나 이상을 목록에서 삭제하자.

속도를 높이는
구조화의 힘

방향이 중요한 이유가 결국 속도를 내기 위해서라고 말했다. 그렇다면 속도를 높이기 위한 다른 방법도 있을까? 안타깝지만 냉정하게 말하면 타고난 재능과 역량 그리고 성장 환경과 주변 인프라의 영향력이 무시 못 할 정도로 큰 것이 현실이다. 똑같은 시간을 쓰더라도 재능이 뛰어난 사람이 더 잘할 수밖에 없고, 집이 부유해 다양한 경험을 쌓고 인적 네트워크까지 좋은 사람이 더 추진력 있게 일을 처리할 수밖에 없다. 그렇다고 해보기도 전에 낙심하기는 이르다. 이런저런 한계가 있음에도 우리에겐 그들

을 따라잡을 수 있는 방법이 있다. 나는 그 힌트를 아마존
의 창립자 제프 베조스가 냅킨 위에 그린 '플라이휠'이라
는 모델에서 찾았다. 이 그림의 원리는 단순하다. 아마존
이 성장하기 위해서는 4단계가 필요하다.

① **판매자 수를 늘려야 한다.**

② **제품 가짓수를 늘려야 한다.**

③ **방문한 고객 경험을 좋게 만들어야 한다.**

④ **방문자 수를 늘려야 한다.**

※ 이 모든 것이 톱니바퀴처럼 제대로 돌아갔을 때 아마존은 성장한다.

제프 베조스가 한 모든 일은 이 '플라이휠'의 선순환 구조를 만드는 것이었다. 낮은 비용 구조를 만들기 위해 물류 센터를 지었고, 이를 통해 더 낮은 판매가를 제공했고, 결국 고객 경험을 좋게 만들어 아마존의 성장에 기여했다. 이 그림의 핵심은 고객 가치를 중심에 두고 성장을 추구한다는 경영전략이지만, 사실 내겐 다른 것이 더 눈에 들어왔다.

그 큰 아마존이라는 기업의 성장에 필요한 것이 한둘이 아니겠지만, 구조화를 해보면 크게 4단계에 불과할 수도 있겠다는 사실이었다. 나는 저 표를 보자마자 내 삶에 적용하기 시작했다. 신간 도서를 출간할 때도, 어떤 프로젝트를 진행할 때도, 심지어 운동할 때도 적용했다. 예를 들어 유튜브를 시작할 때 적용한 방법은 다음과 같다.

① 좋은 인터뷰 영상을 만들기 위한 기획을 한다.

② 기획에 맞는 좋은 콘텐츠를 가진, 전문성을 가진 게스트를 섭외한다.

③ 좋은 카메라와 구도로 촬영한다.

④ 컷 편집, 자막, 음악, 효과 등을 활용해 영상을 편집한다.

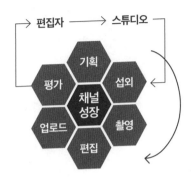

⑤ 제목을 뽑고 썸네일을 만들고, 영상 설명 및 태그 설정을 한 후 업로드한다.

⑥ 업로드한 영상에 대해 자체 평가를 한다.

처음에는 머리가 복잡했는데 이렇게 구조화를 시켜놓고 보니 유튜브를 잘하는 방법에 이 6단계 말고는 다른 것들이 더 없다는 것을 알게 됐다. 구조화를 만드는 순간 내가 해야 할 일도 명확해지고, 그 명확성으로 인해 속도가 빨라졌다. 또 각 단계별로 내가 무엇을 잘하고 있고 못하고 있는지 객관적으로 파악할 수 있게 됐다. 유튜브 채널 운영도 따지고 보면 아마존과 크게 다를 게 없다. 낮은 비용 구조와 낮은 가격 등의 경쟁력이 필요하다. 혼자서 저 휠을 돌릴 수는 없었기에 영상 편집자를 고용했고, 더 빠르고 효과적으로 촬영하기 위해 내부에 자체 스튜디오를 만들었다. '기획, 섭외, 촬영, 편집, 업로드, 평가'라는 6단계 프로세스가 맞아떨어지며 돌아가기 시작하자, 말도 안 되는 효율성을 내기 시작했다.

현재 〈김작가TV〉에 업로드되는 영상은 한 달에 80개 정도 되는데, 이 모든 것을 만들어내는 인력은 크리에이터인 나 외에 영상 편집자 한 명이 더 있을 뿐이다. 영상을 만드는 시스템이 만들어졌기에 가능한 것이었다. 비슷한 크기의 채널이 최소 네댓 명의 팀으로 꾸려진 것에 비해 굉장히 효율성이 높다고 말할 수 있다. 그 비결 역시 구조화였다.

구조화의 가장 큰 장점은 내가 해야 할 일이 명확해지기 때문에 불필요하게 낭비되는 시간을 줄일 수 있다는 것이다. 사실 많은 사람이 무언가에 도전할 때, 무엇을 어떻게 해야 할지 걱정하느라 대부분의 시간을 보낸다. 하지만 나는 이 모델을 만든 후 단 한 번도 쓸데없는 걱정으로 시간을 낭비한 적이 없다. 무엇을 해야 할지 정확히 알고 있기에, 잠깐의 시간을 들여 고민한 후 판단했고 바로 실행에 들어갔다. 물론 처음 구조화를 할 때는 충분히 시간을 들여 그 분야에 대해 조사를 하고 공부도 해야 하지만, 일단 그 시스템이 완성되면 그다음에는 가속도가 붙어 스스로 굴러가는 강한 힘이 생긴다. 속도는 그때부터 이루 말할 수 없이 빨라진다.

이 모델은 우리 삶의 모든 영역에 적용할 수 있다. 목표를 성취하기 위해 무슨 일을 해야 하는지 생각하고, 그 각각의 일의 관계성을 찾아 구조화하면 된다. 취업이든 사업이든 영어 공부든 다 마찬가지다. 내가 원하는 어떤 일을 잘하고 싶다면, 그 일에 필요한 각각의 단계를 설정하고 이를 채워나가면 된다. 그러면 어느 순간 속도가 나기 시작하고 당연히 성공 확률 또한 높아진다.

그렇게 명확한 구조화가 가능해지면 나의 일상에도 루틴이 생기고, 그 루틴이 우리의 시간을 더욱 효율적으로 사용할 수 있도록 도와줄 것이다. 생각과 걱정만 많은 시기를 보내고 있다면, 지금이라도 그 늪에서 빠져나와 지금 당장 우리를 움직이게 하는 구조화 작업에 나서보자. 평범한 우리가 이 치열한 세상에서 성공하기 위해서는 꼭 이 작업이 필요하다.

유튜브 채널 성장 구조화 작업 (샘플)

- **당신의 목표는 무엇인가?**
  (유튜브 채널 성장)
- **당신의 목표를 이루기 위해 해야 할 일을 키워드로 마음껏 나열해보자.**
  (기획, 섭외, 촬영, 카메라, 게스트, 편집, 음악, 세트장, 조회 수, 업로드, 광고, 디자인, 카피, 자막)
- **위에 적은 키워드 중 우선순위를 정하자.**
  순번은 가급적 일곱 개를 넘기지 않는다. 너무 많은 목록은 속도를 늦출 뿐이다.

순번	항목	세부 질문
1	기획	① **대중성**: 많은 사람이 관심을 가지는 콘텐츠인가? ② **창의성**: 사람들의 흥미를 불러일으킬 만한 콘텐츠인가? ③ **혐오성**: 사회적으로 문제가 되지 않는 콘텐츠인가?
2	섭외	① **전문성**: 전문적인 내공과 실력이 있는 게스트인가? ② **인지도**: 인지도 및 SNS 팔로워가 많은 사람인가? ③ **전달력**: 콘텐츠의 전문성만큼 스피치가 뛰어난 사람인가?
3	촬영	① **세트장**: 촬영 세트장은 잘 만들었는가? ② **촬영 장비**: 인터뷰 목적에 맞는 카메라 및 마이크를 준비했는가? ③ **촬영 구도**: 카메라 구도는 적절한가?
4	편집	① **컷 편집**: 영상에서 버릴 것, 살릴 것을 잘 선택했는가? ② **배경 음악, 효과**: 영상에 몰입하는 시간을 잘 늘렸는가? ③ **자막**: 영상을 편하게 시청할 수 있게 적절한 자막을 넣었는가?
5	업로드	① **썸네일**: 사람들의 클릭을 유도할 만한 카피와 이미지를 만들었는가? ② **내용 설명, 태그 검색**: 엔진에 노출되게 적절한 키워드를 넣었는가? ③ **업로드 시간**: 많은 사람이 볼 수 있는 노출 시간대를 정했는가?
6	평가	① **조회 수**: 많은 사람이 본 영상인가? ② **노출 클릭률**: 많은 사람이 클릭한 영상인가? ③ **평균 시청 지속 시간**: 오랫동안 본 영상인가?

나만의 목표를 위한 구조화 작업

- 당신의 목표는 무엇인가?

- 당신의 목표를 이루기 위해 해야 할 일을 키워드로 마음껏 나열해보자.

- 위에 적은 키워드 중 우선순위를 정하자.
  순번은 가급적 일곱 개를 넘기지 않는다. 너무 많은 목록은 속도를 늦출 뿐이다.

순번	항목	세부 질문
1		
2		
3		
4		
5		
6		
7		

당신에게 필요한 건
창인가, 방패인가?

'장점을 키워야 할까, 단점을 보완해야 할까?'

이런 고민을 해본 적이 있을 것이다. 갤럽의 '클리프턴 스트렝스파인더' 프로그램이 수년간 조사한 결과에 따르면, 자신의 강점을 잘 이해하는 사람이 가장 유능한 사람이라고 한다. 하지만 대부분의 사람은 자신의 장점을 강화하기보다는 약점을 보완하는 데 많은 시간을 소모한다. 그러다 보니 많은 학생의 스펙이나 능력이 평준화되고, 어렵사리 대기업에 입사하더라도 평범한 직장인의 삶에서 벗어나지 못한다. 하버드대학교 경영대학원의 문영미 교수가 쓴 『디퍼런트』라는 책에 다음과 같은 말이 나온다.

"자신의 경쟁력을 도표로 확인할 때 말도 안 되는 일들이 벌어진다. 경쟁에 참여하고 있는 모든 구성원은 오직 자신의 약점을 보완하는 작업에 주력한다. 특정 항목에서 놀라운 점수를 받았다 하더라도, 부족한 부분을 보강하려는 유혹을 떨쳐버리기가 힘들기 때문이다. 오늘날 대부분의 기업 역시 이런 유혹에서 벗어나지 못하고 있다. 그러다 보니, 원래의 취지와는 달리 직원들은 개성을 감추고, 업무환경은 평범해지고 만다."

이처럼 사람이든 기업이든 대부분이 자신의 약점을 보완하기 위해 많은 애를 쓴다. 오직 극소수의 사람만이 자신의 강점을 더 강화하려고 노력한다. 그 결과 대다수 사람은 더욱 평준화되고, 극소수 사람은 더욱 차별화된 능력을 갖추게 된다.

내게도 약점이 있었다. 어릴 때부터 영어가 너무 싫었고 성적도 좋지 않았다. 첫 토익 성적은 신발 치수도 안 되는 220~230점대였다. 그 후 시험을 몇 차례 더 쳐도 성적이 크게 오르지 않기에 영어 공부를 깨끗이 접었다. 영어를 포기한다는 건 취업 준비생에게 꽤 치명적인 약점이다. 대부분 서류전형에서 탈락해버리기 때문이다. 영어가 필수인 시대에 영어를 포기한다는 것은 결코 쉬운 선택이 아니었다.

하지만 나의 많은 에너지와 시간을 들여 되지도 않는 영어 공부에 매달렸다가는 평범한 사람도 못 될 것 같았다. 그래서 나는 영어 공부를 포기하고 대신 내가 잘하는 부분을 더욱 날카롭게 벼리는 노력을 멈추지 않았다. 수많은 공모전에 나가 상을 받았고, 졸업할 때는 대통령상까지 받았다. 그런 경험을 통해 신기하게도 영어 점수 없이 외국계 기업에 취업했고, 그동안 쌓은 기획, 글쓰기, 스피치 능력을 활용해 일곱 권의 책을 출간한 작가가 됐고, 구독자 87만 명의 〈김작가TV〉 채널을 운영하는 크리에이터가 됐다. 내가 만약 내 단점을 보완하기 위해 영어 공부에 매달렸다면, 지금의 나는 없었을 것이다.

올림픽 금메달리스트들을 인터뷰할 때도 깨달은 것이 있다. 세계 최고의 선수들도 사람이기에 약점이 없는 선수는 없었다. 그리고 '약점이란 아무리 노력해도 강점이 될 순 없다'는 것과 '장점을 나의 특별한 강점으로 만들었을 때 그것을 무기로 경쟁에서 이길 수 있다'는 것을 깨달았다. 한 선수가 말했다. "단점을 보완하는 데 치중하니까 장점마저 평범해지더라고요." 물론 어느 정도 보완해야 하는 단점도 있지만, 과락을 면할 정도로만 노력하고 과감히 놓아버리는 용기도 필요하다. 그게 아니라 단점을 장점으로 만들려고 매달리는 순간 대부분은 이도 저도 아닌 선수가 된다. 세계 최고의 선수가 되기 위해선 압도적인 강점 하나가 필요하다. 자신만의 창을 날카롭게 만드는 시간을 방패를 만드는 데 쏟고 있으면, 내 창이 상대방의 방패를 뚫지 못하는 것이다.

시간이 부족한 우리이기에 단점 대신 장점에 집중하는 건 지극히 현실적이고 합리적인 전략이다. 단점도 보완하고 장점도 키워 나만의 무기로 만들면 얼마나 좋겠는가? 하지만 운은 우리에게 모든 것을 허락하지 않는다. 결국 둘 중 스스로 판단해 내 노력의 방향을 선택해야 한다. 여러분은 무엇을 선택할 것인가?

지금 내가 가진 창은 무엇인가?

● 현재 내가 가진 장점을 세 가지 쓰고 장점을 강점으로 만들 수 있는 방법을 찾아 보자

순번	장점	장점을 강점으로 만들기 위해 해야 할 일
1		①
		②
		③
2		①
		②
		③
3		①
		②
		③

세상을 내 편으로 만드는
설득의 힘

인생은 수많은 선택의 연속이지만, 따지고 보면 그 선택은 내가 아닌 상대방의 몫일 때가 더 많다. 특히 내가 가지고 싶거나 하고 싶은 일이 있을 때는 더욱더 그렇다. 그러니 운을 끌어당기기 위해서는 다른 사람을 설득하는 기술을 배워야 한다. 사람들을 내 편으로 만들지 않으면 운도 내 편이 되지 않는다. 그렇다면 상대를 설득하기 위해 필요한 것은 무엇일까?

첫째, 상대방의 관점에서 생각해야 한다. 설득할 때 가장 중요한 것은 '그 결정을 누가 하는가?'이다. 앞서 말한 것처럼 상대방이 할 때가 많다. 음식점은 고객에게 선택받고, 항공사는 승객에게 선택받고, 취업 준비생은 면접관에게 선택받는다. 예를 들어 취업 준비생이 면접관에게 하는 "제가 합격하면 이 회사에 뼈를 묻겠습니다. 최선을 다하겠습니다"라는 말은 면접관의 관점이 아닌, 취업 준비생의 관점이다. 면접관이 중요하게 생각하는 건 '이 사람이 얼마나 절실한가?'보다는 '이 사람이 우리 회사에 들어와서 얼마나 좋은 성과를 낼 것인가?'이다.

상대방에게 선택받기 위한 모든 것의 시작은 상대방의 관점에서 바라보는 것인데, 생각보다 많은 사람이 이것을 놓친다. 왜냐하면 자신이 선택받고 싶다는 간절함 때문에 상대방의 입장이 눈에 보이지 않는 것이다. 어떤 의사결정에서 그 권한이 상대방에게 있다면, 나의 관점에서 생각하는 모든 것을 버려야 한다. 마치 내가 상대방인 것처럼 협상 테이블에 앉아야 상대가 무엇을 원하는지 알 수 있다.

둘째, 명분과 실리 둘 중 하나는 상대방에게 줘야 한다. 나는 대학을 졸업하던 시절 어느 정도는 준비가 잘된

편이었다. 열일곱 번의 공모전 수상에 중국·우즈베키스탄·네팔 해외 봉사도 다녀왔고, 대기업과 외국계 기업에서 세 번의 인턴십을 했고, 졸업할 때는 대통령상도 받았다. 그럼에도 불구하고 취업이 잘 안 되었다. 지방대란 타이틀이 내 발목을 잡았다. 그래서 좋은 기업에 취업한 후『날개가 없다, 그래서 뛰는 거다』라는 책을 출간했다. 학벌 사회인 대한민국에서 살아남을 수 있는 생존 지침이 담긴 책이었다. 그리고 모교의 총장님을 찾아가 10분 동안 후배들에게 이 책이 필요하다고 말씀드렸다.

"대학 시절 누구보다 열심히 살았기에, 누구나 가고 싶어 하는 외국계 기업에 취업했습니다. 그런 저에게 모교의 많은 후배가 힘들고 아프다며 메일을 보내옵니다.

'선배님, 우리 학교 정말 비전이 있습니까? 학교 이름이 나올 때마다 친구들 앞에서 작아지는 기분이 듭니다.' '선배님, 우리 학교 나와도 과연 좋은 기업에 취업할 수 있는 건가요? 불안해서 잠이 오지 않습니다.' '선배님, 제가 입학식 전날 너무 많이 울어서 학교에 못 갔습니다. 우리 대학에 합격한 게 창피해서요.'

124

『인사담당자 100명의 비밀녹취록』이란 책을 출간했을 때도 내가 가진 건 명분뿐이었다. 취업 준비생을 위해 힘들게 책을 냈지만, 막상 취준생들은 스펙을 쌓기에 바빠 책을 잘 보지 않았다. 그래서 예비 취업 준비생이 있는 군대에서 이 책을 보게 해야겠다는 생각이 들었다. 즉각 국방부 장관님께 편지를 썼다.

"제가 군 복무 시절 느꼈던 가장 큰 걱정은 두 가지였습니다. 바로 '부대 밖 가족과 연인에 대한 걱정과 그리움', 그리고 '향후 내 진로에 대한 불안함'입니다. 요즘은 병영 문화가 많이 좋아져서 첫 번째 걱정은 다소나마 해결된 것 같습니다. 장교들이 SNS 채널도 만들어서 가족들과 소통할 수 있도록 배려하고 있고, 전화 통화나 휴가로 그 부족함도 어느 정도 채울 수 있습니다. 하지만, 향후 내 진로에 대한 불안감은 더 커진 것 같습니다. 취업은 점점 더 어려워지는데 군대에 있을 때 할 수 있는 건 많진 않으니까요.

지금의 20대에게 취업은 그 어떤 것보다 중요한 당면 과제가 되었습니다. 바로 이 과제를 해결할 수 있도록 돕는 것이 제가 출간한 책입니다. 인사담당자 100명을 직접 만나 얻은 인사이트를 통해, 취업이란 관문 앞에서 누구보다 불안해하고 있을 병사들의 짐을 조금이나마 덜어줄 수 있길 희망합니다. 모든 군인이 군 복무 기간을 '잃어버린 시간'이 아니라, '성장하는 시간'으로 생각하게 되기를 바랍니다."

국가 원수를 제외하고 군대에서 최고 계급인 대장은 우리 군에 딱 여덟 명이 있다. 육군참모총장, 해군참모총장, 공군참모총장, 합동참모의장, 한미연합군사령부 부사령관, 육군 제1·3야전군사령관, 육군 제2작전사령관이 그들이다. 여기에 민간인 신분인 국방부 장관까지 총 아홉 명에게 이 편지와 책을 보냈다.

대학 총장님을 설득할 때는 대학생 2만 명을 대상으로 한 것이었지만, 이건 국군장병 60만 명을 대상으로 한 것이었다. 규모가 훨씬 큰 설득이었던 만큼 운이 들어오는 문을 더 넓히기 위해 나는 한 명이 아닌 아홉 명에게 편지를 보냈다. 전과 달라진 것은 그것뿐이었다. 결국 몇 개월 뒤 1년에 15종 선정하는 국방부 진중문고에 선정되어

13,000권의 책이 판매되었다. 필요한 건 편지 두 장뿐이었지만, 그 안에는 거절할 수 없는 명분이 담겨 있었다.

하지만 이런 명분보다 훨씬 더 큰 힘을 발휘하는 것이 실리다. 수능 만점자 30명과의 인터뷰를 통해 풀어낸 공부법 책 『1등은 당신처럼 공부하지 않았다』를 출간한 적이 있다. 이 책의 홍보를 위해 언론사 서평을 받고 싶었다. 여기서 중요한 게 '어떤 기자에게 메일을 보낼 것이냐'이다. 보통의 출판사나 작가는 문화부에 있는 출판 담당 기자에게 책을 보낸다. 하지만 나는 입시나 교육 관련 기사를 쓴 기자들에게 접근해야겠다고 판단하고 그들의 이메일 주소를 취합했다. 당연히 이 분야 기사를 썼던 사람이 이런 주제를 다룬 책에도 더 많은 관심을 보일 것이기 때문이다.

실제 이 책이 담고 있는 내용은 교육 담당 기자들에게 실리적으로 필요한 것이었다. 쉽게 말해 나는 입시 관련 기사를 쓰는 기자들에게 '수능 만점자 30명을 최초로 분석한 책'이라는 기삿거리를 제공한 것이었다. 내 판단은 정확히 들어맞았다. 내 책을 다룬 기사 하나가 이틀 동안

'SNS에서 가장 많이 공유된 된 기사 1위'에 오르며 책은 자연스레 베스트셀러가 됐다.

이처럼 명분과 실리 둘 중 하나는 상대방에게 줘야 한다. 명분이 강하면 실리가 없어도 상대가 거절하기 힘들고, 실리가 강하면 상대방은 선택할 수밖에 없다.

우리는 모두 무언가를 팔고 있다. 판다는 표현이 직접적이어서 부담스러울 수 있지만 사실이 그렇다. 카페 사장님은 커피를 팔고, 유튜버는 영상을 팔고, 직장인은 자신의 시간을 판다. 그런데 많은 사람이 팔고 싶은 마음만 급해서 상대방의 입장에서 생각하지 못한다. 사는 사람이 마음이 동해야 실제 내가 팔고 싶은 것을 팔 수 있음에도 말이다.

이쯤에서 가장 중요한 설득의 기술을 공개할까 한다. 상대방을 설득하기 전에 가장 먼저 준비돼 있어야 하는 게 있다. 모든 순간에 적어도 나 스스로는 설득이 되어 있어야 한다. 내가 만든 전략과 마케팅이 적어도 내가 생각했을 때는 말이 돼야 한다. 앞서 언급한 취업 책을 냈을 때 어떻게 국방부 진중문고에 선정될 수 있겠다고 생각했을까?

아마 그 책을 본 아홉 명의 군 고위 관료 중 한 분이 담당 부서에 이 책을 검토해보라고 이야기했을 것이다. 내가 할 수 있는 건 거기까지였다. 내 운과 노력으로 갈 수 있는 건 그 책이 진중문고 담당자의 책상 위에 오르는 것까지였다. 다만 내 책이 담당자들의 눈에만 띈다면 실제로 선정될 수 있겠다는 콘텐츠에 대한 자신감이 있었다. 나 자신을 완벽히 설득했기에 나는 내 계획을 행동으로 옮겼고 내 운을 시험해볼 수 있었다.

우리는 모두 남을 설득하면서 살아간다. 아침에 일어나면 어머니를 설득해야 하고, 회사에서는 직장 상사를 설득해야 하고, 거래처에서는 고객을 설득해야 한다. 그런데 그들을 설득하기 전에 우리가 먼저 해야 할 게 딱 한 가지 있다. 나를 설득하는 것. 최소한 남을 설득하기 전에 나를 설득해야 우리에게 흔들림 없는 추진력이 생긴다.

프레임에서 벗어나야
진짜 답이 보인다

살다 보면 프레임에서 벗어나는 게 어려울 때가 많다는 걸 깨달을 때가 있다.

2021년의 가장 뜨거운 유튜브 방송은 〈머니게임〉이었다. 〈머니게임〉은 총상금 약 4억 8천만 원을 걸고 여덟 명의 참가자가 특수 제작된 촬영장에 머물며, 14일간의 생존게임에 도전해 승자를 가리는 웹 예능이다. 참가자 중 하나인 유튜버 논리왕전기는 게임 진행 중 8일 차에 가장 먼저 탈락했다. 그리고 대회의 우승을 한 두 명은 각각 상금 7500만 원을 받았다. 여기까지만 보면 논리왕전기라는 인물은 승자가 아니었다. 하지만 〈머니게임〉 방송이 공개된 후 참가자간 갈등이 최고조에 이르면서 오히려 끝까지 생존에 성공한 참가자의 채널들이 하락세에 빠졌다.

구독자가 11만 명에 불과했던 논리왕전기의 채널은 방송 후 한 달 만에 100만 명을 넘어섰다. 심지어 유튜브 라이브 시청자 수 38만 명을 기록해 해당 기간 세계 1위를 기록할 정도였다. 그의 유튜브 한 달 수익은 최소 1억 원 정도로 추정된다. 〈머니게임〉에서 가장 먼저 탈락했으나, 이미 우승 상금보다 훨씬 많은 돈을 벌어들이게 됐다. 그것도 일시적인 돈이 아니라 꾸준히 들어오는 돈을 말이다.

신기하지 않은가? 왜 〈머니게임〉에서 가장 먼저 탈락한 사람이 최대 수혜자가 될 수 있었던 걸까? 몇 명의 참가자는 〈머니게임〉이라는 프레임에 갇혀 있었다. 그 대회에서 살아남아 상금을 갖기 위해, 편 가르기, 상금 나눠 갖기 등의 모습을 보였다. 물론 그 프레임 안에서 그들은 돈을 벌었다. 하지만 〈머니게임〉이라는 프레임 바깥의 세계도 존재한다. 게다가 그 밖의 세계가 훨씬 더 크다. 대한민국에서만 수천만 명이 〈머니게임〉 밖에서 〈머니게임〉을 본다. 영화나 드라마 같은 가상의 세계가 아니기에, 방송 속 그들의 모습은 현실 세계로 그대로 이어졌다.

그래서 결국 촬영 중에도 그리고 촬영 후에도 좋은 이미지를 보여준 사람이 진짜 승자가 됐다. 〈머니게임〉의 승자는 〈머니게임〉 바깥 세계에 있었다. 만약 참가자들이 이 프로그램에서 내가 진짜 얻을 수 있는 것이 무엇인지를 한 번만 더 생각했다면 그 과정은 많이 달라졌을 것이다. 하지만 〈머니게임〉의 14일간의 생존 게임과 상금 4억 8천만 원이라는 프레임에 갇히는 순간, 대부분 참가자의 목표는 살아남는 것과 상금이 되어버렸다. 〈머니게임〉이라는 프레임 이후, 그러니까 영상이 방영된 시점의 세상을 생각하지 못한 것이다.

사실 이 프레임이라는 것은 굉장히 무섭다. 20대 후반, 누구보다 열심히 살던 시절 국회에서 대한민국 국민대표 61인을 모집한다는 공고를 봤다. 제헌절 61주년을 기념한 계획이었다. 세계적인 디자이너 이상봉, 유도 금메달리스트 최민호 등 사회 각 분야를 대표하면서 국위 선양을 한 30인과 그 외의 일반인 대표 31인을 모집하는 내용이었다. 나는 이 일반인 대표 31인 안에 들고 싶었다.

모집 공고와 지원 양식을 자세히 살펴봤다. 기본 인적사항을 적는 공간이 있고, 내가 왜 국민대표 61인에 선정되어야 하는지 서술형으로 짧게 쓸 수 있는 공간이 있었다. 이 프레임 안에서는 남들과 차별화하는 게 쉽지 않아 보였다. 수천 명이 지원할 텐데 고작 500자, 1,000자 문서로 나를 돋보이게 할 방법이 잘 떠오르지 않았다. 그래서 나는 이 양식이라는 프레임 밖으로 나와야겠다고 생각했다. 프레임 밖에서 내 무기를 사용할 수 있다면 내게 기회가 있을 것 같았다. 프레임 밖으로 나올 방법을 고민하던 차에 공고문 어딘가 구석에 정말 작게 적혀 있는 이메일 주소 하나를 발견했다.

'이거다!' 하는 생각이 들었다. 공고문에는 반드시 적어야 하는 기본 양식만 있었지, 별다른 요청사항은 없었다. 메일로 무언가를 더 어필하는 사람은 아무도 없을 것 같았다. 그래서 나는 기본 양식을 채운 후에 파워포인트로 왜 내가 국민대표 61인이 되어야 하는지를 설명한 스무

장에 달하는 제안서를 만들어 제출했다. 그리고 보름쯤 지난 뒤 국회에서 연락이 왔다.

"김도윤 님 되시죠? 대한민국 국민대표 61인으로 선정되셨습니다"

"아, 정말요? 혹시 제가 왜 선정되었는지 알 수 있을까요?"

"본인이 선정되어야 하는 이유를 파워포인트로 제작해서 메일로 보내주셨죠? 그렇게 보내주신 분이 김도윤 님밖에 없었습니다."

국회에 가서 국회의장에게 위촉장을 받고, 함께 기념사진을 찍을 때 내가 만든 운에 대해 생각해보았다. 핵심은 한마디로 사고의 전환이었다. 프레임 밖에서 답을 찾았기에 만들 수 있었던 운이었다. '고작 그런 거야?'라고 생각하는 사람이 있을지도 모르겠다. 하지만 이런 사고의 전환이야말로 '콜럼버스의 달걀'이 아닐까? 알고 나면 쉽지만, 막상 내가 생각해내긴 힘든 것들이 있기 마련이다.

하지만 이런 사고의 전환이 힘을 발휘하려면 기본적인 것들까지 잘 해내야 한다. 사고의 전환은 단순한 요령이나 얌체 짓 같은 것과는 거리가 멀다. 예를 들어 국회에 제출해야 하는 필수 양식은 무시한 채 자기 마음대로 PPT 자료만 제출한다고 내게 기회가 왔을까? 프레임 밖으로 나오는 건 중요하지만, 그러는 동안에도 기본에는 충실해야 한다. 운은 자신이 가야 할 곳을 기가 막히게 알아본다.

우리가 운칠기삼을 말할 때
놓치고 있는 것

우리는 흔히 운칠기삼(運七技三)이라는 말을 한다. 모든 일의 성패는 운이 7할을 차지하고, 노력이 3할을 차지하는 것이어서 결국 운이 따라주지 않으면 일을 이루기 어렵다는 뜻이다. 나는 이 말에 동의하지만, 더 정확한 이해를 위해 둘의 순서는 꼭 바꾸었으면 한다. 나와 같은 생각을 가진 이언투자자문 박성진 대표의 이야기를 들어보자.

"운이 7할이긴 한데 순서가 바뀌었으면 해요. 운칠기삼이 아니고 기삼운칠이라고 '기삼'을 앞에 놓는 거죠. 물론 '기삼'만으로 도달할 수 있는 데는 한계가 있어요. 실력이 안 중요하다는 게 아니라, 그것만으로는 안 된다는 거죠. 정말 실력이 있고 노력을 하는 사람이라면 한두 번의 실패는 있을지라도 결국 어느 정도 수준까지는 성공할 수 있어요. 투자로 예를 들면 수십억 대의 부자는 노력만으로 충분한데, 수백억, 수천억, 수조 원 대의 부자는 운이 따라주지 않으면 절대 될 수 없는 거죠. 큰 부자가 되려면 운이 따라줘야 하는 것 같아요.

저 역시 2000년까지만 해도 재테크에는 관심이 없었어요. 그냥 제 월급으로 아내가 알아서 투자하던 시절이었죠. 그때 집을 하나 샀어요. 목동 아파트였는데 그게 2001년에 많이 올랐고 저흰 2002년에 팔았어요. IT 버블이 꺼진 게 그때쯤이었으니 주식을 시작하기 굉장히 좋은 시기였어요. 목동 아파트를 사고판 돈으로 종잣돈이 마련된 덕에 좋은 시기에 투자할 수 있었던 거죠.

제가 주식투자로 2004년과 2005년에 제일 많이 벌었는데 그 종잣돈이 없었으면 수익이 훨씬 더 줄었을 거예요. 운이 많이 작용한 건 분명하지만, 그 운도 제 실력이 없었으면 무용지물이었을 거예요. 그러니 전 기삼운칠이라고 말하고 싶은 거예요. 지금까지 오게 된 걸 돌이켜봐도 항상 그랬던 것 같아요."

주식 투자에서도 시장을 이길 수 있는 사람은 많지 않다. 웬만한 실력이 아니고서야 장 자체가 좋지 않으면 수익이 나기 어렵다. 세상 모든 일이 내가 계획한 대로 풀려가면 100% 내 실력으로 했다고 할 수 있지만, 실제 우리 삶은 사소한 뜻밖의 일 하나로 크게 달라질 수 있다. 어떤 사람을 만나느냐, 어느 곳으로 가느냐에 따라 수십억 대의 부자가 조 단위의 부자가 될 수도 있는 것이다.

사업 분야에서도 마찬가지다. 정상에 올라간 사람에게 모든 것이 자신의 노력이나 실력 때문이냐고 물어보면 쉽게 답하지 못할 것이다. 왜냐하면 그 자리까지 올라가면서 수많은 경쟁 상대를 봤기 때문이다. 그중에는 분명 자기보다 뛰어난 사람도 있었을 텐데, 어떻게 된 영문인지 내가 정상에 올라온 것이다. 그러니 내가 노력이나 실력만으로 올라왔다고 하기에는 무언가 민망해진다.

살다 보면 한때 열등감을 느꼈거나 진심으로 존경했던 사람보다 내가 더 성공하는 경우도 생긴다. 나보다 뛰어난 사람이 많다는 걸 잘 알기에 성공한 사람 중 운을 빼놓고 이야기하는 사람이 거의 없는 것이다. 운이 성공에 얼마나 기여했는지 물어보면 적어도 1할은 필요하다는 얘기가 나온다. 1할 때문에 성공했다고 말하진 않지만, 1할 덕분에 성공했다고 말하는 것이다. 그렇게 따지면 운은 성공을 원하는 누구에게나 필요한 요소이다.

분명 시대가 주는 운은 내 마음대로 컨트롤할 수 없다. 그러니 우리는 그저 우리가 할 수 있는 일만 하면 된다. 꾸준히 노력해서 내가 원하는 실력을 먼저 갖추는 것이다. 그렇게 3할을 채워야 나머지 7할의 운이 들어올 여지가 만들어진다.

올림픽 금메달리스트들도 모두 비슷한 말을 했다. 노력으로 올림픽 국가대표 선수로 선발되는 건 가능하지만, 금메달을 따려면 운이 따라야 한다고 했다. 그래서인지 올림픽 금메달리스트 또한 어떻게 금메달을 딸 수 있었냐고 물어보면 대부분 '운이 좋았다'고 답했다. 올림픽 결승전까지 올라갔다는 것은 둘 중에 누가 금메달을 따도 이상하지 않다는 것을 뜻한다. 선수들 사이에 기량 차이가 큰 경우는 많지 않다. 하지만, 누구는 금메달을 목에 걸고 누구는 은메달을 목에 건다.

운이 더 중요한 것처럼 들릴 수도 있겠지만, 그것도 다 내가 결승전에 설 수 있는 자격을 갖췄을 때의 일이다. 한 번 더 강조하지만, '기삼'이 충족되어야 '운칠'이 힘을 발휘한다. 운이 기보다 더 중요할 수 있겠지만, 순서는 분명 기가 먼저다.

자본금 7000만 원으로 시작해 200억 원대의 자산가가 된 슈퍼개미 1세대 김정환 대표도 내게 운칠기삼에 대한 또 하나의 중요한 통찰을 전해줬다. 운칠기삼이라는 표현 때문에 운과 기가 덧셈으로 느껴지지만 실제로는 곱셈으로 작용한다는 얘기였다.

"타고난 운이 진짜 별로 안 되는 사람이 있을지도 몰라요. 하지만 그런 사람일수록 '기삼'을 더 키워야 하는 거죠. 운과 기는 더하기가 아닌 곱하기라 비중이 작다고 하는 '기삼'만 키워도 그 총합은 본인이 생각한 것보다 훨씬 더 커질 수 있거든요. 그런데 사람들은 반대로 타고난 운이 좋음에도 그것만 믿고 '기삼'을 방치해서 결국 있던 운까지 다 날려버리는 것 같아요.

저는 우리가 운을 만들어가는 사람이 되면 좋겠어요. 주어진 운도 있지만, 그 운을 자기 것으로 만들려는 후천적인 노력이 따를 때 진정한 빛을 발하거든요. 심지어 사주도 변한다고 하잖아요. 시대가 빠르게 변하기 때문에 원래 안 좋았던 사주도 그 시대의 환경 변화에 따라 얼마든지 좋은 사주가 될 수 있는 거예요."

운은 자동차로 따지면 차 키라고 생각하면 된다. 차 키가 자동차의 몇 할을 차지하느냐고 물어봤을 때 그 누구도 1할 이상이라고 말하진 않을 것이다. 하지만 차 키가 없으면 시동이 안 걸린다. 근데 그 1할의 이야기가 너무 재미있고 쉬워 보이니까 다들 운만 기다리고, 정작 필요한 9할에 대한 고민을 덜 한다. 운이라는 키는 필요하지만, 그 전에 키를 꽂을 자동차를 먼저 준비해야 한다. 내가 자동차를 만들고 운전할 수 있는 실력을 갖추면, 언젠가 내 손에는 시동을 걸게 해주는 차 키가 반드시 주어질 것이다. 우리가 할 일은 그것뿐이다. 주어진 운은 받아들이되, 살아갈 운명은 스스로 만들어가자.

4장

루틴

일상에서 돌아가는 운명의 수레바퀴

한 사람의 평균 수명을 80년으로 치면
우리 삶은 29,200일로 이뤄져 있다.
다시 말해, 한 사람의 인생은 29,200개의 퍼즐 조각으로 완성된다.
잘못 끼워진 퍼즐 조각 하나가
다른 퍼즐도 어긋나게 할 불운을 부르고
잘 끼워진 퍼즐 조각 하나가
다른 퍼즐도 제자리를 찾게 할 행운을 부른다.
당신의 퍼즐 조각 하나는 어떤 하루인가?

기회의 양만 늘려서는
제자리만 맴돌 뿐이다

자기계발 전문가인 내게 어떻게 하면 성공할 수 있냐고
물어본다면, 딱 두 가지로 말해줄 것이다. "인생의 성공은
'기회의 양'과 그 '기회를 잡을 확률'에 달려 있다"라고.
그래프로 그린다면 아마 다음과 같을 것이다(다음 페이지
참조).

취업 준비생을 예로 들어 설명해보겠다. 취업 준비생은
일단 많은 기업에 지원해야 한다. 그래야 나를 보여줄 기
회가 증가하기 때문이다. 하지만 형식적으로 지원서를 제
출하기만 하는 무의미한 반복으로는 확률을 높일 수 없

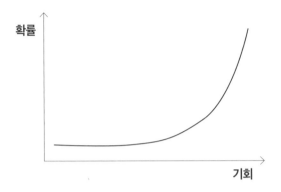

확률

기회

다. 단순히 많은 기업에 지원하는 차원을 넘어 그 기회를 잡을 실력을 만들어야 취업 확률을 높일 수 있다.

식당을 창업한 사장님이 있다면 어떨까? 오픈 초기에는 새로운 식당을 발견한 손님들이 호기심으로 들어올 것이다. 지나가던 손님, 근처에 사는 손님 등 일정 숫자 이상의 손님이 찾아온다. 기회가 늘어나는 시기다. 하지만 손님들이 올 때마다 만족하지 못한다면 언젠가는 손님에게 음식의 맛을 보여줄 기회조차 사라질지도 모른다.

식당에서 가장 중요한 것은 처음 온 손님과 단골손님의 관리다. 특별한 맛집이 아닌 이상, 음식점의 손님 90% 이상은 인근 지역에 근무하는 직장인 혹은 근처에 사는 주민이다. 그들이 식당에 와서 밥을 먹었는데 맛이 없었다고 가정해보자. 주변에 마땅한 식당이 없어, 다음번에 한번 더 식당을 방문해 다른 메뉴를 먹어볼 수는 있을 것이다. 하지만 그때도 맛이 없다면 그다음 기회가 있을까? 손님이 떠나기 전에 맛과 서비스의 질이든 인테리어든, 그 무엇이든 바꿔서 지금 우리 식당을 찾아온 손님을 잡아야 한다.

유튜브 이야기를 해보겠다. 구독자 87만 명의 유튜브 채널을 운영하다 보니, 나에게 유튜브 채널 운영에 관해 물어보는 사람이 많다. 당연히 채널이 성장하지 못하고 있는 경우가 많기에 대부분 구독자 수와 조회 수가 낮은 편이다. 그때마다 나는 이야기한다.

"기존에 100편 정도의 영상을 올렸는데 사람들에게 선택받지 못했다면, 이미 기회는 충분히 가져본 것 같습니다. 앞으로 시청자들에게 선택받는 확률을 높이려면 뭐든 바꿔야 합니다. 카메라를 바꾸든, 썸네일을 바꾸든, 영상 편집을 바꾸든 무엇이라도 바꿔서 지금과 다른, 더 나은 콘텐츠를 만들어야 합니다. 그렇지 않으면 지금의 조회 수를 결코 벗어나지 못할 것입니다."

이 이야기를 들은 유튜버들은 항상 이런 답변을 했다. "구독자가 많아지거나 조회 수가 높아지는 등 더 잘 되면 카메라든 뭐든 바꿔볼게요. 지금처럼 꾸준히 영상을 올리면서 좀 더 많은 기회를 가지면 잘될 수도 있지 않을까요?"

이 대답은 확실히 틀렸다. 사실 잘되면 바꿀 필요가 없다. 사람들이 기존의 영상을 좋아한다는 뜻이니까. 지금 업로드한 영상이 조회 수가 잘 안 나오고 있기 때문에, 더 나은 버전으로 업그레이드해서 시청자들에게 선택받을 확률을 높여야 한다고 말하고 있는데, 같은 방식을 고수하겠다고 하니 나는 더 할 말이 없었다.

결국 그들 대부분은 기존과 같은 방식으로 채널을 운영했고, 역시나 기존과 같이 낮은 조회 수를 기록한 후 대부분 채널을 접었다. 그들에게 필요한 건 단순한 기회의 양이 아닌, 그 기회를 실제로 붙잡을 확률이었다. 안타깝게도 선택받지 못하는 순간이 늘어나면, 옆의 그래프처럼 기회는 점차 줄어들 수밖에 없다. 그러다 나중에는 도전

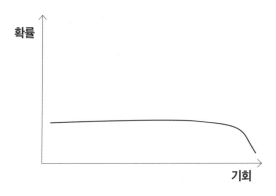

할 기회조차 사라질지 모른다. 사람들에게 선택받는 확률을 높여야 기회 또한 늘어날 수 있다는 사실을 명심해야 한다.

기업이라고 다를까? 기업의 경영 성과를 측정하는 대표적인 기준 중 하나로 투자 수익률(ROI)이라는 개념이 있다. 기업의 순이익을 투자액으로 나누거나 회전율과 이익률을 곱해 값을 구한다. 앞서 말한 '기회의 양'을 늘리는 게 회전율을 높이는 것이라면, '기회를 잡을 확률'을 높이는 게 이익률을 높이는 것에 해당한다. 적절한 노력과 차별화된 요소가 맞물려야만 투자 수익률이 극대화되는 것이다.

성실함이 가장 큰 미덕인 시절도 있었다. 해가 뜰 때 일어나 해가 질 때까지 성실히 일하면 그럭저럭 잘살 수 있었다. 하지만 시대가 바뀌었다. 21세기에는 '스마트한 성실함'이 필요하다. 단순히 같은 일을 반복하는 것으로는 살아남을 수 없다. 앞서 소개한 유튜버들의 가장 큰 문제는 유튜브 채널 운영이 잘되고 있지 않음에도 불구하고, 성실함이 미덕이라는 이유로 같은 행동을 반복했다는 것이다. 잘 안되고 있다면, 내가 가진 모든 것을 뒤집어서 하나씩 바꿔봐야 한다.

학교를 졸업하고 마주하게 되는 사회는 연습이 아닌 실전의 세계다. 우리 사회의 경쟁은 그리 녹록지 않고 사람들 또한 실패에 대해 그리 관대하지 않다. 그러니 '실패는 성공의 어머니'라는 말을 곧이곧대로 받아들이지는 않았으면 한다. 현실에서는 너무 많은 실패를 한 사람에겐 기회조차 주지 않으니까 말이다.

실 하나 잡고 버티자,
버티기만 해보자

노력에 대한 평가를 무려 4년에 한 번, 그것도 가장 엄격하게 받는 곳이 있다. 바로 올림픽! 세계 최고의 선수들이 시상식 단상 가장 높은 곳에 오르기 위해 4년 동안 땀방울을 흘리며 대회를 준비한다. 단 한 번의 경기에 메달의 색깔이 바뀌는 올림픽이기에 엄청난 노력을 기울이지 않는 사람이 없겠지만, 이 정도의 노력이라면 하늘도 알아줘야 하지 않을까 싶을 정도의 선수를 인터뷰한 적이 있다. 바로 2008년 베이징 올림픽 유도 60kg급에서 금메달을 목에 건 최민호 선수다. 그는 2004년 아테네 올림픽에서 동메달을 딴 후 조금 힘든 시기를 보냈다. 또다시 다음 올림픽을 목표로 4년을 인내해야 하는 시간, 그는 그 시간을 어떻게 보냈을까? 당시 그가 내게 했던 답을 여기에 소개해보겠다.

"제가 의지할 수 있는 건 어머니밖에 없었는데, 어머니는 '무조건 참고 열심히 해야 한다'라는 말만 하셨어요. 저는 그게 전부인 줄 알고 국가대표 선수들도 질릴 만큼 훈련을 많이 했어요. 그렇게 해야 금메달을 따는 줄 알고 저를 많이 괴롭혔죠. 억지로라도 휴식을 취해야 운동을 할 수 있는데, 전 조금의 쉴 틈도 없이 나 자신을 몰아붙였어요.

'쉬면 안 된다. 잠깐이라도 팔굽혀펴기를 해야 한다. 화장실 갈 때도 토끼뜀을 하면서 가야 한다. 볼일 보기 전에도 하체 운동을 100개 해야 한다. 밥을 먹을 때도 악력기는 손에서 놓지 않아야 한다. 운동할 때도 다른 선수들보다 30분 일찍 나가고, 30분 늦게 나와야 한다. 잠을 자다가도 새벽 3시 30분에 일어나서 팔굽혀펴기 100개를 하고 자야 한다.'

유도라는 외길을 걷다 보니 매일 벼랑 끝에 서 있는 느낌이었어요. 이게 아니면 끝이라는 생각으로 악착같이 운동한 거죠. 쉬는 시간조차 저를 힘들게 했으니까요. 지금 생각해보면 반쯤 미쳐 있었고, 엄청나게 힘들었지만 그런 노력으로 1등은 계속하더라고요.

제가 목표를 이뤄내지 못하면 자신을 달달 볶아요. 저도 스스로 진짜 독하다고 느끼는 부분이에요. 몸이 부서질 것 같은데, 제 마음이 저를 쉬지 못하게 하는 거예요. 밤 11시 30분에 한 시간 정도 야간 운동을 하는데, 저를 따라 한다고 자정 12시에 나오는 선수들이 있어요. 제가 운동 끝나고 숙소로 들어가다가 그 선수가 체육관으로 가는 모습을 보면, 울면서 또다시 나가서 운동을 했어요. 몸이 안 움직일 정도로 운동을 많이 했을 때도 '너 그냥 갈 거야?' 하면서 저를 몰아붙이니 안 독해질 수 없었어요. 독하지 않으면 절대 못 해내잖아요. 너무 힘이 들면 엄마한테 전화해서 울면서 버텼어요. 나중에는 너무 힘들어서 '실 하나 잡고 버티자, 버티기만 해보자' 그 생각밖에 없었어요."

최 선수의 노력은 컨디션 관리 측면에서 봤을 때는 좋은 점수를 받지 못할 수 있다. 하지만 그 시간을 통해 쌓은 노력은 헛되지 않았다. 최민호 선수는 근력 강화를 위해 바벨을 무릎까지 들어 올리는 데드리프트에서 230kg을 기록했다. 90kg급인 유도 선수가 데드리프트 250kg을 들 때, 60kg급 최민호 선수는 자기 몸무게의 3.8배나 되는 230kg을 든 것이다. 이것은 비슷한 체급의 역도 선수가 드는 무게와 맞먹는 힘이다.

이렇게 쌓인 노력은 동급 체급에서 압도적인 힘의 차이를 만들었고, 그 힘과 기술을 바탕으로 그는 베이징 올림픽에서 결승까지 단 7분 40초 만에 5연속 한판승을 거두며 금메달을 목에 걸었다. 그의 괴력은 말도 안 되는 노력에서 나왔다. 올림픽에 참가하는 선수들 모두가 치열하게 노력하지만, 4년의 세월 동안 흘리는 땀방울의 색이 똑같을 순 없을 것이다. 더 많이 흘린 선수의 땀은 금빛이 도는 게 아닐까? 당신의 땀은 어떤 색깔인가?

자꾸 실패를 반복하면
인풋을 바꿔야 한다

동전을 한 번 던졌을 때 앞면이 나올 확률은 몇 %일까?
당연히 50%이다. 동전을 두 번 던졌을 때 한 번이라도 앞
면이 나올 확률은 75%이고, 동전을 세 번 던졌을 때 한
번이라도 앞면이 나올 확률은 87.5%, 동전을 열 번 던졌
을 때 한 번이라도 앞면이 나올 확률은 99.9%이다.

동전의 앞면과 뒷면을 우리 인생의 성공과 실패로 바꿔
보자. 우리가 무언가에 도전할 때도 한 번 시도해서 한 번
성공할 확률은 50%이고, 두 번 도전해서 한 번이라도 성
공할 확률은 75%이며, 세 번 도전해서 한 번이라도 성공

할 확률은 87.5%, 열 번 도전해서 한 번이라도 성공할 확률은 99.9%이다. 반대로 얘기해서 열 번 도전해서 열 번 다 실패할 확률은 0.1%이다.

그런데 왜 실제로는 이런 결과가 나오지 않는 걸까? 예를 들어 취업 준비생이 열 개 기업에 입사 지원을 했다면, 최소 한 군데는 합격해야 할 것 같은데, 왜 한 번 떨어진 친구는 계속해서 떨어지는 걸까? 열 번 도전해서 한 번이라도 성공할 확률이 99.9%면, 그렇게까진 아니더라도 70% 정도는 성공해야 하는 것 아닐까? 동전의 앞면, 뒷면과 우리 인생의 성공과 실패는 무엇이 다른 걸까?

답은 간단하다. 동전의 앞면과 뒷면이 나올 확률은 정확히 반반이지만, 사람들이 가지고 있는 역량의 값은 제각기 다르기 때문이다.

스펙 차이가 크게 나는 취업 준비생 A와 B의 경우를 예로 들어보자. A는 서울 명문대 졸업에 학점은 4.3, 토익 성적은 950점, 대기업 인턴십 경험도 두 차례나 있다. 반면 B는 지방 사립대 졸업에 학점은 3.8, 토익 성적은 700점, 대기업 인턴십 경험은 없다. 그 외 학과를 비롯한 다른 역량은 똑같다고 가정하겠다.

대학은 다르지만 같은 학과인 두 사람이 가고 싶은 회사는 어느 정도 비슷할 것이다. 당연히 규모가 크고 연봉 수준이 좋은 기업에 입사하고 싶을 테니 지원 기업 상당 수가 겹칠 것이다. 문제는 여기서부터 발생한다. 여러분이 인사담당자라면 누굴 뽑겠는가? 30개 기업에 지원했다면, 30개 기업 인사담당자 모두 A를 뽑고 싶어 할 것이다. 동전의 앞면, 뒷면과 달리 취업 준비생의 역량은 비교를 통해 높고, 낮음을 구분할 수 있기에 아무리 많은 기회가 주어진들 B가 A를 이기기는 쉽지 않은 것이다. 자신이 가진 역량 값 자체를 바꾸지 않으면 결괏값도 바뀌지 않는다.

그런데 많은 학생이 수십 개 기업에 떨어지면 본인의 역량은 바꾸지 않은 채, 입사 지원하는 기업 수 자체만 늘리는 오류를 범한다. 물론 운이 좋아 그중 어느 한 기업에 합격할 수도 있다. 하지만 그 운이 정말 좋은 운이었을까? 그 기업이 정말 자신이 처음에 가고 싶은 기업 중 하나였을까? 아마 A는 쳐다보지도 않는, 많은 학생에게 선호 받지 않은 기업일 것이다.

　세 번의 인턴십과 한 번의 계약직을 거쳐 정규직 입사를 했던 나이기에, 취업이 힘들다는 것쯤은 너무나도 잘 알고 있다. 하지만 아무리 취업이 힘들어도 아무 기업에나 들어갈 수는 없지 않겠는가? B가 수백 개 기업에 지원하기 전에 먼저 해야 할 것은 A보다 좋은 대학으로 편입을 하거나, 토익 성적을 높이거나, 인턴십 경험을 더 많이 하거나, A에게 없는 자격증을 취득하거나, 자기소개서를 더 잘 쓰거나 등 역량 값 자체를 바꾸는 일이었다. 이게 합격, 불합격을 가르는 취업 전쟁에서 나의 결괏값에 미치는 운을 더 좋게 만드는 방법이다.

　취업이든, 승진이든, 창업이든 무언가에 실패했다면 현재 나 자신의 위치를 정확히 인지하고 업그레이드하기 위해 노력해야 한다. 내가 떨어졌다는 건 단순히 내가 부족하다는 것만을 의미하진 않는다. 더 정확히 말하면, 내가 다른 누구보다 부족했다는 뜻이기에 그들을 넘어서기 위해 내가 가진 것을 바꿔야 한다. 그것이 무엇이든 좋다. 그 인풋의 값을 바꿨을 때 결괏값도 달라질 수 있다는 것을 명심해야 한다.

내 안에 잠든 운을 깨우기 위해서는 두 가지 노력이 필요하다. 첫 번째는 계속 시도하는 것이다. 복권에 당첨되기 위해서는 일단 복권을 계속 긁어야 한다. 일단 긁어 봐야 나의 운을 테스트할 수 있는 것 아니겠나. 그러니까 공모전에 참가하든, 책을 출간하든 일단 계속 도전해야 한다. 두 번째는 그 운을 자기 걸로 만들기 위한 노력을 해야 한다. 가장 어리석은 짓이 바둑 공부를 하나도 하지 않고, 이창호 9단한테 바둑 두러 가는 것이다. 이창호 9단이 아무리 나한테 져주고 싶어도 질 수가 없다. 기본적인 준비도 안 된 상태이기에 내가 운을 걷어차 버리는 것이다. 자칫 패배주의에 빠지게 할 수도 있는 그런 무모한 행동은 아예 하지 않는 게 오히려 낫다. 우리는 내가 이길 확률이 높은 곳에서 운을 테스트해야 한다.

전쟁은 이겨 놓고 확인하러 가는 것이지, 전적으로 운에 맡겨서 건곤일척의 승부를 펼치는 게 아니다. 자신에게 유리한 판을 만들어내는 과정이 곧 운을 자기 것으로 만드는 과정이다. 안타깝게도 대부분의 사람에게 운이 오지 않은 이유는 이 두 가지 노력을 하지 않아서다. 복권을 긁지 않아서, 긁더라도 자기한테 유리한 곳에서 운을 테스트하지 않아서다.

경쟁에서 이기는
나만의 방법이 있는가?

우리가 운을 필요로 하는 이유가 뭘까? 어느 정도의 성공을 바라기 때문일 것이다. 문제는 성공의 자리가 한정되어 있기에 그 자리를 차지하러 가는 과정의 경쟁이 참 치열하다는 것이다. 10대 때는 입시 경쟁을, 20대에는 취업 경쟁을, 취업 후엔 생존 경쟁을 하며 살게 된다. 살아가면서 결코 피할 수 없는 경쟁이기에 우리는 원하지 않더라도 경쟁에서 이기는 법을 배워야 한다. 이 문제에 대한 건 내가 만난 수능 만점자들과의 인터뷰가 도움이 될 것 같다.

입시를 앞둔 수험생이 느끼는 불안감은 어마어마하다. 이미 경쟁의 한복판에 들어가 있는 학생들에게 압박감을 느끼지 말라고 마음 편하게 먹으라고 조언하는 것만큼 의미 없는 일도 없다. 선생님이나 부모님 또한 어차피 성적과 석차로 줄을 세우는 게 현실 아닌가? 과연 수능 만점자들은 어떻게 이런 치열한 경쟁과 압박감을 이겨내고 1등을 한 것일까? 그들이 말해준 여러 방법 중 내게 가장 와닿았던 세 가지 방법을 정리해보겠다.

첫 번째는 타인과의 경쟁보다 자신의 성장에 초점을 맞추는 것이다. 서울대 인문대에 재학 중이었던 수능 만점자는 말했다. "남들과의 경쟁은 내려두고 구체적인 점수를 목표로 삼는 게 좋다고 생각해요. 안정적인 성취감을 느끼는 데는 그편이 훨씬 더 좋거든요." 남과 경쟁하는 마음을 버리는 건 현실적으로 쉽지 않다. 상위 몇 % 안에 들어야 하는 구도에서는 나와 경쟁하는 상대들이 먼저 눈에 들어오기 때문이다. 하지만 그럴수록 더 자신의 성장에 초점을 맞춰야 한다. 타인과의 싸움이 아닌 나와의 싸움에서 이겨내는 것을 목표로 두는 게 결과적으로 경쟁에서 이기는 데도 도움이 된다.

두 번째는 그냥 경쟁 자체를 압도해버리는 것이다. 서울대 경제학부에 재학 중이었던 수능 만점자는 고백했다. "우리 학교는 한 달에 한 번씩 시험을 보고 1등부터 20등까지 벽보에 딱 붙여놔요. 친구들 성적이 다 공개되는 거죠. 그걸 보고 신경 쓰는 친구가 많았는데, 저는 솔직히 좋았어요. 제가 항상 1등이었거든요. 경쟁하는 동안 불안감을 잠재우는 가장 좋은 방법은 그냥 1등을 하는 것 같아요." 자신보다 등수가 높은 사람을 만들지 않아 신경 쓸 대상 자체를 없앴다는 이 학생의 말은 할 수만 있다면 가장 좋은 방법일 것이다.

세 번째는 후회를 남기지 않는 것이다. 서울대 의대에 재학 중이었던 수능 만점자는 재수 시절 가장 후회됐던 일에 대해 내게 말했다. "재수할 때 제일 힘들었던 게 '지난 여름방학 동안 공부를 더 열심히 했다면 결과가 달라졌을까?'라는 생각이었어요. 그 생각이 끊임없이 저를 괴롭혔어요. 다른 학생들은 몇 년 후 지금의 학창 시절을 되돌아봤을 때, '내가 그때 공부 좀 더할걸'이라는 생각을 안 하도록 최선을 다하면 좋겠어요. 목표를 이루지 못하는 것은 괜찮지만, 적어도 그 과정에 후회가 남으면 안 되는 것 같아요."

지금 치열한 경쟁의 한가운데에 있다면 위 세 가지 방법 중 자신에게 맞는 것을 한번 선택해보자. 단, 여기서 중요한 것은 경쟁에 지치고 힘들어도 자신이 해야 할 일을 놓지 않는 것이다. 앞서 소개한 서울대 의대에 입학한 수능 만점자는 이렇게 말했다. "제가 진짜 멘털이 안 좋았거든요. 하지만 유리 멘털과 공부는 딱히 상관이 없었어요. 불안하다고 엉엉 울고 난 다음에도 공부는 늘 했어요. 제 마음이 힘든 것과 그날 하루의 공부를 하지 않는 것은 전혀 다른 문제예요. 내 멘털 상태가 어떻든 그날 내가 할 일은 해야 하니까요."

그는 알고 있었다. 아무리 힘든 순간조차 내 할 일이 무엇인지를 잊지 말아야 한다는 사실을 말이다. 나 또한 힘들 때마다 나 자신에게 하는 말이 있다.

"내가 힘들든 힘들지 않든 일희일비하지 말고 내가 해야 할 일은 반드시 하자. 그 과정에서 시간이 쌓이다 보면 지금의 어려움을 넘어서 있을 거다."

사실 예전부터 이 말을 경쟁에 지친 사람들에게 꼭 한 번 해주고 싶었다.

운이 좋지 않다고
실망할 필요 없다

VIP자산운용 최준철 대표에게 운에 대해 물은 적이 있다. 성공한 사업가들을 많이 만나보았기에 어떤 사람들이 좋은 운을 얻는지 알고 싶었고, 숫자로 모든 걸 증명해야 하는 투자의 세계에서는 운을 어떻게 바라보는지 궁금했기 때문이다.

"우리는 언제 운이 좋았다고 할까요? 내가 계획한 대로만 일이 풀렸으면 결과가 그냥 고만고만했을 텐데, 내가 계획하지 않은 우연한 일로 인해 예상 밖의 엄청난 결과가 나오면 운이 좋았다고 하겠죠.

넥슨 창업주인 김정주 대표 얘기를 해볼게요. 그는 게임 불모지였던 한국에서 1994년에 게임 회사를 설립했고 2년 후에 '바람의 나라'라는 게임을 출시했어요. 인터넷도 없고 PC통신만 있던 시절이었으니 MMORPG 게임을 만든다는 건 그 당시로 생각하면 말도 안 되는 일이었어요. 저는 도무지 이해가 안 돼서 '도대체 뭘 믿고 이런 무모한 일에 인생을 거는 거지?'라고 생각했어요. 그러다 출시 2년쯤 후에 PC방이 전국적으로 생기면서 이 게임이 완전히 터졌어요. 제가 나중에 김정주 대표에게 이렇게 물어봤어요. '그렇게 될 줄 아셨어요?' 그런데 그는 전혀 몰랐다고 하더라고요.

그런데 그가 '바람의 나라'라는 게임을 만든 이유는 분명히 있었어요. 그가 발견한 기회는 두 가지였죠. '여러 명이 게임을 하면 더 재미있지 않을까?' '우리나라가 수출할 수 있는 것 중 하나가 콘텐츠이지 않을까?' 그런 기회를 봤기에 나름의 계획을 세워 게임 회사를 창업하고 '바람의 나라'를 내놓은 거예요. 이건 그의 노력으로 만든 일이죠. 그런데 스스로 계획하지 않은 우연한 일이 그의 성공을 훨씬 더 크게 확대해주었어요. 그게 바로 PC방 붐이에요. 그에게 좋은 운이 붙은 거죠. 물론 PC방 붐이라는 운이 없어도 성공했겠지만, 이 운이 그의 성공의 결괏값을 훨씬 더 크게 증폭시켜준 건 사실이에요.

저도 비슷한 경험이 있어요. 만약 제가 1980년대에 주식투자에 입문했으면, 과연 가치투자로 돈을 벌 수 있었을까요? 전 그렇게 생각하지 않아요. 마침 제가 본격적으로 주식투자에 입문하던 시기가 대한민국이 IMF를 겪고 난 뒤였어요. 싼 종목이 널려 있었으니 입문자가 처음 시작하기에 주식시장이 너무 좋았던 거죠. 그 덕에 실력 이상의 결과물을 만들 수 있었는데, 시기적인 운이 좋았다고 봐요.

또 하나, 만약 제가 2007년에 자산운용사를 창업했으면 바로 망했을 거예요. 기초 체력을 제대로 못 다진 상태에서 2008년 글로벌 금융위기를 맞았으면 제대로 대응하기 힘들었을 거예요. 하지만 저흰 그 당시 이미 충분한 체력을 쌓아둔 상태였기에 금융위기를 비교적 잘 넘어갈 수 있었어요. 실제로 2007년에 문을 열고 2008년에 폐

업한 자산운용사가 상당히 많아요. 이럴 때는 이중으로 자괴감이 생기죠. 왜냐하면 그 이후 주식시장이 다시 폭등했으니까요.

사실 저도 예전에 운의 힘을 별로 믿지 않고 자신의 노력으로 모든 것을 만드는 거라고 생각했는데, 나이가 들면서 경험이 쌓이고 또 주변 사람들의 다양한 사례를 보니 그게 아니더라고요. 예를 들어 오랜 노력 끝에 엄청 맛있는 신메뉴를 개발해 치킨집을 차렸어도 그 해 갑자기 조류인플루엔자가 터지면 뭘 어떻게 할 수가 없는 거잖아요. 실력이 아니라 운 문제인 거죠. 이건 반대로 잘 되는 경우도 마찬가지예요.

하지만 제가 더 강조하고 싶은 얘기는 처음에 운이 좀 없는 것처럼 보이더라도 실망하지 말고 계속 밀고 나가라는 거예요. 시간이 좀 걸리더라도 어느 정도까지는 성공할 수 있어요. 실제로 성공한 사람들을 보면 인디언 기우제 지내듯 끝까지 도전하거든요. '나는 실패하지 않는다, 왜냐면 성공할 때까지 하기 때문에!' 이런 정신으로 하니까 성공하지 않을 수 없는 거죠. 결국 운을 이기는 방법은 하나밖에 없어요. 운이 좋든 좋지 않든 될 때까지 계속 반복하는 거예요."

갑자기 뜬 것 같은 사람의
물밑에 있는 것들

가끔 우리 주변에는 갑자기 유명해지면서 엄청난 성공을 거머쥐는 사람이 있다. 흔한 일은 아니지만 1년도 안 되는 짧은 시간에 인생이 완전히 바뀌는 경우도 있다. 하지만 사실 겉으로 드러난 것 이면에 있는 것을 살펴보면 갑자기 떴다는 쉬운 말로는 담아낼 수 없는 진실이 보인다. 최근에 내 눈으로 이런 사람을 직접 본 적이 있는데, 바로 많은 개인투자자에게 '염블리'라는 애칭으로 불리며 사랑받고 있는 이베스트투자증권의 염승환 이사다.

염승환 이사는 2020년 7월까지는 평범한 회사생활을

하는 직장인이었다. 그런 그가 2020년 8월 3일 〈삼프로 TV〉에 처음 출연했고, 2020년 9월 21일에 〈김작가TV〉에 출연했다. 그 후 한 달에 한 번씩 뵐 때마다 더 유명해졌고, 결국 대한민국에서 주식투자를 하는 사람이라면 누구나 이름을 아는 사람이 되었다. 회사에서도 작년 8월 이후 1년 만에 차장에서 부장을 거쳐 이사로 승진했다. 과연 그는 운을 어떻게 생각할까? 어느 날 운에 대한 그의 생각을 직접 들을 수 있었다.

"저는 운을 '준비'라고 생각해요. 갑자기 뜨는 분들이 있잖아요. 남들이 봤을 때는 '저 사람 얻어걸렸네'라고 생각할 수도 있지만, 자세히 보면 그는 준비가 되어 있었던 거죠. 손흥민 선수를 보면서도 '그냥 운 좋아서 잘된 거 아니야?'라고 생각하시는 분도 있더라고요. 손흥민 선수 다큐멘터리를 본 적이 있는데, 정말 아버지한테 혹독한 교육과 훈련을 받았더라고요. 매일 그걸 견디면서 기본기를 다진 거죠. 축구공을 자기 것으로 만들기 위해서 하루에 몇 시간 동안 계속 튕기는 거예요. 어깨로 튕기고, 발로 튕겨 축구공이 땅에 안 떨어지게 몇 시간 동안 훈련한 후에야 공을 찰 수 있었대요. 그걸 매일 하면 어떻게 되겠어요? 공이 오면 자기 몸에 완전히 붙어버리겠죠.

물론 그런 손흥민 선수도 자신에게 운이 있었다고 얘기한 순간이 있어요. 어렸을 때 독일 분데스리가에서 어린 선수들을 초청하는 행사가 있었는데, 대회 관계자가 손흥민 선수를 데려간 거예요. 운 좋게 뽑힌 거라 볼 수 있겠지만, 준비가 안 된 사람에게 그런 기회가 올 리 없죠. 같은 운으로 뽑혔다 해도 준비가 된 사람에겐 '어라, 이 친구 봐라' 하는 말이 나오고, 준비가 안 된 사람에겐 '쟤 뭐야?' 하는 말이 나오는 법이죠. 매일 하는 훈련이 힘들다고 안 했으면 결국 운도 없었다고 봐야죠. 뭔가 특별한 걸 준비한 게 아니라, 운을 잡기 위해 평소에 매일 훈련을 한 겁니다.

저도 마찬가지예요. 운이 많이 따랐죠. 제가 첫 단독 저서를 출간한 게 2021년 1월이었는데, 그때 주식시장이 너무 좋아서 역사상 최고점을 찍었거든요. 그러니까 책이 엄청 많이 팔린 거예요. 그건 분명 운이지만, 제가 방송 출연을 하는 등의 준비를 안 했으면 1월에 책을 냈다고 해도 많이 팔렸을까요? 거의 안 팔리고 묻혔겠죠. 1월에 나온 주식 책 중에 안 팔린 책도 되게 많거든요. 저도 예전에는 매일매일 무언가를 하는 게 뭐가 중요한지 잘 몰랐어요. 그냥 제 일이니까 별생각 없이 매일 했거든요. 그런데 매일 반복적으로 해오던 일이 다 합쳐져서 저한테 운으로 돌아오더라고요. 운은 '타이밍'이기도 한 것 같아요. 준비된 사람은 누구에 의해서든, 어떻게 해서든 언젠가는 그 운이 찾아와요. 운이 빨리 오느냐, 늦게 오느냐의 차이는 있겠지만, 준비가 되어 있으면 언젠가는 잡을 수 있는 거죠.

조금 더 구체적으로 말해볼까요? 운을 잡기 위해서는 다음의 네 가지가 준비되어 있어야 하는 것 같아요.

첫 번째는 꾸준함이에요. 상투적인 얘기지만 매일매일 하는 수밖에 없어요. 갑자기 벼락치기 공부한다고 되는 게 아니거든요. 제가 매일 아침 주식시장 브리핑을 하는데, 증권사 리포트가 너무 많아서 그걸 다 읽고 요약해주는 사람이 거의 없었어요. 갑자기 하려고 해도 훈련이 안되어 있으면 쉽지 않거든요. 저는 그걸 10년 동안 했으니까 시간이 좀 걸릴 뿐 저에겐 그리 어려운 일이 아니에요. 그런 꾸준함이 없었으면 지금까지 못 왔을 것 같아요.

두 번째는 시대의 변화에 따른 적합성이죠. 사실 지금의 주식시장이 저를 만들어준 것 같아요. 주식시장이 온라인화가 되면서 옛날처럼 외부 고객을 유치하지 못하거든요. 그래서 유튜브 촬영을 해야 하는 건데 제가 거기에 적합했던 거죠. 저보다 말은 잘하지만, 방송 카메라 앞에만 서면 긴장이 돼서 실력 발휘를 못하는 사람도 있거든요. 그런데 저는 워낙 방송을 많이 했으니까 평소처럼 할 수 있는 거죠. 방송에 이미 준비가 되어 있다 보니 외부의 환경 변화에 잘 적응할 수 있었던 것 같아요.

세 번째는 겸손함이에요. 많은 분이 저를 좋게 생각해주시는 이유 중 하나가 겸손함이라고 하더라고요. 우리 회사에 전무님이 새로 오셨는데, 직원들에게 저에 대해 물어봤나 봐요. '염승환 이사 어떤 사람이에요?' 잘나가니까 거만할 줄 아셨대요. 다 물어봤는데 단 한 명도 그렇게 얘기한 사람이 없고 '진짜 성실하고, 겸손하고, 예의 바르다'라는 얘기만 있었다고 저한테 말씀해주셨어요.

제 입으로 말하긴 부끄럽지만, 제가 항상 겸손함이 몸에 배어 있어요. 요즘 주변에서 '야~ 너 떴다, 이제 어깨에 힘도 들어가고 그러지 않겠냐' 하는데, 누구를 만나더라도 잘 나가는 사람이건, 아닌 사람이건 다르게 대하고 싶지 않아요. 각자 자신의 자리에서 열심히 사는 분들이 있어 이 사회가 돌아가는 거니까요. 이 세상에 하찮은 사람은 없잖아요. 습관처럼 겸손했는데, 겸손하다 보니까 결국 그게 저한테 돌아오더라고요.

〈삼프로TV〉의 김동환 소장님이 저를 섭외한 이유도 비슷했어요. 제가 케이블 방송을 10년 정도 나갔으니까 방송 작가들과 잘 알 거잖아요. 작가님들이 '대타 뛰어달라' 같은 조금 불편한 부탁을 해도 거의 다 들어줬어요. 그렇게 살아왔는데, 나중에 알아보니까 김동환 소장님이 저를 처음 찾은 게 아니라, 〈삼프로TV〉의 작가님이 저와 예전에 인연이 있던 방송 작가였어요. 마침 〈삼프로TV〉가 방송을 개편하는 시기였는데, 그 작가님이 추천을 해줘서 연결된 거예요. 그래서 김동환 소장님이 저를 모니터링한 후에 같이 한번 해보자고 제안해주신 거죠. 어떻게 보면 그동안 쌓아온 꾸준함과 겸손함이 제 운을 만든 것 같아요.

네 번째는 자기만의 무기예요. 김동환 소장님이 저한테 아침 프로를 맡겼는데, 저보고 그냥 알아서 해보라는 거예요. 제가 다 준비를 해야 하는 건데, 만약 저에게 아무런 무기가 없었으면 저에게 온 좋은 기회를 다른 사람이 가져갔겠죠. 주식투자 하는 사람들이 제일 좋아하는 게 새로운 정보니까, 제가 증권사 리포트를 매일 밤에 다 읽고, 다음 날 아침에 요약해주는 걸 해봤어요. 10년 동안 했던 거라서 그게 제가 제일 잘하는 일이었어요. 일주일 딱 하고 났더니 김동환 소장님이 그러더라고요. '너무 좋네요. 그걸로 하시죠.'

그런데 만약에 제가 잘 안됐다고 쳐볼게요. 그럼 저도 '운이 없었다'라고 말했겠죠, 〈삼프로TV〉와 내가 잘 안맞는 것 같다'라고 말했겠죠. 제가 처음 출연한 2020년 8~9월 무렵은 조정장이어서 주식시장이 좋을 때는 아니었어요. 제가 잘 안됐으면 저도 '그때 시장만 좋았으면'이란 얘기를 했겠죠. 그러니 정말 중요한 건 준비가 되어 있었냐는 거예요. 제가 준비를 하나도 안 해놓고 있었으면 주식시장이 좋았어도, 〈삼프로TV〉에서 출연 제안이 왔어도 제게 찾아온 운을 제 것으로 만들긴 힘들었겠죠.

김동환 소장님도 그 얘기를 하더라고요. 〈삼프로TV〉에 여러 전문가가 출연했는데, 아무리 명석을 깔아줘도 안 되는 사람은 안 된다고요. 그 사람은 운이 있었던 건데 잘 안된 거죠. 운은 항상 우리 주변을 맴돈다고 생각해요. 내가 준비가 안 되어 있는 상태에서 운이 오면, 그 운은 다른 곳으로 날아가죠. 운은 우리 주변을 떠다니다가 생각 못 한 타이밍에 갑자기 나를 찾아오는데, 그게 언제든 내가 준비되어 있어야 잡을 수 있는 거예요. 저한테도 〈삼프로TV〉 출연이라는 운이 갑자기 왔잖아요. 하지만 준비가 충분히 되어 있었기에 잡을 수 있었던 거예요."

염승환 이사를 보며 '준비된 운이 인생을 바꾼다'라는 말이 떠올랐다. 사실 〈삼프로 TV〉는 그의 첫 방송 출연이 아니었다. 케이블TV에서 10년 동안 방송을 했지만, 시청률도 별로 안 높았을 테니 아무도 알아주지 않았다. 하지만 특유의 꾸준함과 겸손함으로 자기 일을 계속해서 해왔고, 결국 그런 준비가 그에게 온 기회를 제대로 잡을 수 있게 해주었다.

더구나 염승환 이사가 가진 무기는 그가 위에서 소개한 것만 있는 게 아니다. 그는 오랜 시간 영업팀에서 근무하며 수많은 고객을 상대했고, 그 세월과 경험이 쌓여 개인투자자가 가장 알아듣기 쉽게 설명할 수 있는 무기를 갖게 됐다. 개인투자자들의 마음을 잘 알고 그들을 위로할 수 있다는 것 역시 그의 경험에서 비롯된 강력한 무기다. 이런 모든 것을 준비하고 있었기에 펜데믹 이후 변화된 주식시장이 그를 선택해주었던 것 아닐까?

5장

복기

나를 충분히 돌아보고 있는가?

사는 게 너무 바쁘다 보면
하루를 돌아보는 것이 쉽지 않다.
그래서 우리 삶에 들어온 행운과 불운을
미처 알아차리지 못할 때도 있다.
하지만 과거의 행운과 불운을 구분하지 못한 사람은
미래에도 행운은 놓치고 불운만 쌓아가게 될 수도 있다.
어떻게 그 흐름을 끊어낼 수 있을까?
하루를 바꿀 방법은 없을까?
하루를 다시 살 순 없지만, 하루를 다시 돌아볼 수 있다면
분명 더 나은 내일을 살 수 있지 않을까?

인생을 두 번 사는
방법이 있다면?

어린 시절 방학 숙제 중에 꼭 일기 쓰기가 있었다. 평소에는 쓰기 귀찮으니 늘 방학이 끝날 때쯤에 몰아서 썼던 것 같다. 이처럼 누구나 일기를 썼지만 커서는 대부분이 그러지 않는 이유는 학교 숙제 때문에 억지로 썼던 기억 때문이 아닐까? 나는 가끔 이런 생각을 해본다. 만약 일기장에 그날 하루의 부족한 점을 딱 한 가지만 적고, 그다음 날부터 그걸 반복하지 않으려고 노력했다면 어떤 내가 되었을까? 분명 지금보다는 더 나은 사람이 되었을 것이다.

실수를 반복하지 않기 위해 전문적으로 공부하는 집단이 있다. 바로 바둑 기사다. 바둑에서는 '복기'라는 조금 특별한 문화가 있는데, 복기란 한 번 두고 난 바둑의 판국을 분석하고 평가하기 위하여 처음 두었던 대로 다시 한 번 놓아보는 것을 말한다. 바둑 대국이 끝난 후 승자와 패자가 '이때는 어떻게 두는 게 좋았는지, 어떤 수가 패착이었는지' 등을 진지하게 얘기 나누는 것이다. 잘못 둔 수가 있다면 다음부터는 반복하지 않기 위함이다. 그러니까 복기는 바둑 실력의 향상에 꼭 필요한 과정이다. 나는 인생에서도 이렇게 복기를 하는 것이 좋다고 생각해 나름의 방법을 찾아왔다. 다음은 삶을 복기하는 나의 세 가지 방법이다.

첫째, 나는 작가로서 두 번의 복기를 한다. 저자인 내가 쓴 원고와 출판사의 편집자가 수정한 원고를 보면서 어떤 글이 나은지 판단하고, 더 나은 글이 있다면 어떻게 이 글이 나올 수 있었는지 생각한다. 또한, 책이 나온 후에도 다시 한번 책을 읽으며 '이 문장을 추가로 써야 했는데, 이 문장을 빼야 했는데' 하고 체크한다.

둘째, 나는 강사로서 한 달에 한 번 내 강의를 녹음한다. 녹음된 강의 속 청중들의 반응을 들으며 어떤 부분을 더 살려야 했는지, 어떤 부분에서 말의 실수가 있었는지 등을 점검한다.

셋째, 나는 유튜버로서 매일 내가 일하는 장면을 모니터링한다. 촬영 후 영상을 볼 때면 촬영 당시에는 조금 긴장했기에 보지 못했던 게스트의 표정과 마음이 보인다. 내가 이 타이밍에서 말을 끊었을 때 게스트의 기분이 조금 안 좋았겠구나, 내가 이 타이밍에서는 게스트의 말을 좀 더 살려드려야 했구나 등을 판단하며 나의 못난 부분이 드러난 장면이 있다면 컷 편집을 한다.

신기하게도 이 작업을 하면서 느낀 건, 일상생활 속에서도 나의 단점들이 자연스레 컷 편집이 된다는 것이다. 당연한 사실일 수도 있겠지만 그때 절실히 깨달았다. 대부분의 사람이 늘 1인칭 시점으로 모든 것을 바라본다는 사실을 말이다. 내 눈으로 보고, 내 입으로 말하고, 내 귀로 듣기에 그 판단과 결정이 주관적일 수밖에 없는 것이다. 하지만 나는 카메라란 장비를 활용해 촬영했고, 그 결과물을 복기하듯 다시 점검하기에 제3자의 입장에서 객관적으로 그 순간을 다시 볼 수 있었다. 그때의 실수를 돌아가서 수정할 수는 없지만, 내 부족한 부분을 반복적으로 컷 편집하는 작업을 하다 보니 할 때마다 조금씩 내 부족한 점을 극복해 나갈 수 있었다. 그 결과 실제 삶에도 적용이 돼 누구와도 훨씬 더 부드러운 대화를 나눌 수 있게 됐다.

그러니까 인생에서 복기의 핵심은 자기 객관화다. 1인칭에 갇혀 있던 나에게서 빠져나와 그런 나를 관찰할 수 있는 3인칭이 되어 객관적으로 나를 바라볼 수 있다면 그리고 나의 실수나 부족한 점을 찾을 수 있다면, 분명 다음번에는 더 발전한 모습을 보일 수 있다.

예전에 인상 깊게 본 한 영화에서 이런 대사가 나왔다. 그 영화에서는 아내가 살인범으로 몰린 남편이 자신의 친구이자 변호사에게 도움을 요청하는 장면이 나온다. 그때 남편이 말한다. "그 착한 사람이 그런 일을 할 수 없다는 건 너도 알잖아." 그 말에 변호사 친구는 이렇게 답했다. "나도 그 사람이 그런 범죄를 저질렀다고 생각하지 않

아. 하지만 제발 증거를 보라고. 지금 모든 증거가 네 와이프를 향하고 있어. 너도 그 사람이 네 와이프라는 걸 잊고 냉정하게 판단해봐." 그때 쿵 하는 느낌을 받았다. 우리가 저지르는 수많은 오류 역시 우리가 1인칭 시점에 갇혀 있기 때문이었으니까. 어떻게든 상황을 객관적으로 볼 수 있을 때만 우리는 같은 실수를 반복하지 않을 수 있다.

내가 한 일에 대한 결과치를 수치로 받을 수 있다면 가장 좋을 것이다. 하지만 실제 삶에서의 피드백은 대부분 그 결괏값이 모호한 편이다. '잘한 것 같아요', '이런 부분이 좋은 거 같네요' 등의 말은 듣는 사람에 따라 얼마든지 다르게 들린다. 자기 확신이 강한 사람이라면 훨씬 더 부풀려서 생각하고, 자신감이 없는 사람이라면 확신 없는 상대의 말투에 예의상 하는 말이라고 생각할 수도 있다. 실제 결괏값은 그 중간 어디쯤 있겠지만 그런 모호한 피드백은 1인칭에 갇혀 사는 우리에게 객관적인 판단의 근거가 되어주지 못한다.

하지만 유튜브의 세상은 다르다. 내가 지난 2년 동안 만든 영상의 개수는 1,200개가 넘는데 클릭률, 조회 수, 시청 시간 등이 아주 정확한 수치로 나온다. 내가 만든 결과물을 객관적으로 바라볼 수 있는 데이터를 제공해주는 것이다. 여기에 애매한 의견은 없다. 물론 구체적인 숫자에 대한 평가는 여전히 내 몫이다. 스스로 설정한 기준에 따라 같은 숫자를 보고도 누구는 더 열심히 해야겠다고 다짐할 수 있고 누구는 잘했다고 자신을 다독일 수도 있다. 하지만 이런 것도 구체적인 숫자가 있기에 나의 위치를 객관적으로 파악할 수 있는 것이다. 그래서 그 근거를 토대로 다음에는 더 나은 영상을 만들기 위해 최선을 다하면 된다.

삶을 복기하는 데도 구체적인 숫자가 필요하다. 현실적으로 그러기 어려운 환경이라면 다른 객관적인 평가 지표를 만들어 나 자신을 돌아봐야 한다. 그렇게 1인칭에 갇혀 있던 나를 해방할 수 있을 때 비로소 우리는 매일 조금씩 더 성장하는 사람으로 살 수 있다.

다른 사람의 말은
거울에 반사된 나의 모습이다

나는 공부를 진짜 못했다. 어느 정도냐 하면 국어, 과학, 체육, 미술 등 다양한 과목이 있는 고등학교 성적표에 '우'조차 단 하나도 없었다. 성적이 좋지 않은 건 당연하고, 그렇다고 다른 잘하는 게 있는 것도 아니었다. 대학생이 되어서도 마찬가지였다. 스물여섯 살이 되었을 때 내가 가지고 있는 걸 살펴보니 토익 점수 420점, 자격증은 운전면허증 하나, 그리고 수상경력은 초등학교, 중학교 개근상이 전부였다. 심지어 학창 시절 반장, 부반장도 한 번 못 해봤다. 그런 나조차도 스물여섯 살이 되니 무언가를 해야겠다는 생각이 들었다. 대단한 이유가 있어서가 아니라, 발등에 불이 떨어졌기 때문이었다.

그런 내가 무언가 도전하려고 할 때마다 세상은 말했다. "넌 안 된다." 첫 공모전에 도전하겠다고 했을 때 사람들은 "넌 공모전 해본 적도 없잖아, 공모전 수상은 아무나 하니?"라고 말했고, 외국계 기업에 취업하겠다고 했을 때 사람들은 "넌 영어 성적도 없잖아, 외국계 기업 입사 자체가 불가능해"라고 말했다. 서른한 살에 책을 내겠다고 했을 때 사람들은 "아직 어리고 경력도 짧은데 어느 출판사가 네 책을 내주겠니?"라고 말했고, 대한민국의 잘못된 학벌 구조를 바꾸기 위해 교육부 장관과 노동부 장관을 만나겠다고 했을 때 사람들은 "그 사람들이 할 일이 없니? 그 대단하고 바쁘신 분들이 널 왜 만나주니?"라고 말했다.

나는 좀 신기하면서도 야속했다. 무언가에 도전하고자 하는데, 세상 사람들은 왜 다 안 된다고만 할까? 친한 지인들인데, 더 좋은 얘기를 해줘야 하지 않나? 그런 그들이 5년쯤 지나자 더는 내게 "넌 안 된다"라는 말을 하지 않았다. 앞서 말한 모든 것을 이루었기 때문이다. 첫 공모전에서 상을 받았고, 외국계 기업에 취업했고, 책을 출간했고, 교육부 장관과 노동부 장관을 만났다. 그리고 30대 중반에는 주변 사람들에게 "목표가 있으면 정말 열심히 해서 반드시 내 것으로 만드는 사람, 그 부분에서는 조금의 의심도 없는 사람"이란 말을 들었다. 내가 했던 말에는 행동이 있었고, 행동 이후에는 결과가 뒤따랐기 때문이다. 밤을 새우고 땀을 흘려가며 내가 한 말에 어떻게든 책임을 졌다. 그렇게 행동이 결과로 이어지는 시간이 쌓이자 '아, 김도윤은 말하면 해내는 사람이구나'라고 주변에서 인정해준 것이다.

우리는 무언가에 도전할 때 "넌 안 된다"라는 말을 참 많이 듣는다. 예전에는 '사람들이 왜 나한테 그런 말을 할까? 사람들이 잘못됐구나. 나를 못 올라가게 막으려는 건가?'라고 생각했다. 실제 심리학에서는 '크랩 멘탈리티'라는 말이 있다고 한다. 양동이에 잡힌 게들이 동료가 탈출하지 못하게 서로를 잡아당기는 모습에서 비롯된 용어로, 사람들 역시 비슷한 누군가가 갑자기 치고 올라가려고 하면 온갖 말로 그런 도전을 좌절시키려고 한다는 것이다.

물론 그런 경우도 있겠지만, 10년간 피땀 흘려 노력하고 새로운 일에 도전한 내가 더 절실히 깨달은 것은 따로 있다. 사실 그 사람들 잘못이 아니었다. 세상이 내게 던진 "넌 안 된다"라는 말은 언제나 나로부터 비롯된 것이었다. 그 말은 세상이라는 거울에 비친 내 모습이었다. 내가 사람들한테 늘 안 되는 모습만 보여줬기 때문에 "넌 안 된다"라는 말을 들을 수밖에 없었다. 아무것도 하지 않는 사람이 말로만 뭘 하겠다고 하니, 그동안 했던 나의 말과 행동이 거울에 반사되어 다시 나에게 "넌 안 된다"로 돌아왔다. 하지만 내가 노력하고 달라지자, 그리고 성과를 만들어내자 "넌 안 된다"라는 말만 하던 세상도 나를 응원해주기 시작했다. 당연히 일은 더욱 잘 풀렸다. 사람들의 응원은 고스란히 나의 운이 되는 법이니까.

그 사실을 깨닫자 사람들에 대한 서운함과 원망도 사라졌고 새로운 도전에도 더욱 자신감이 생겼다. 당신 또한 무언가에 도전할 때 사람들이 "넌 안 된다"라고 말한다면, 내가 그런 모습을 보여주고 있는 건 아니었나, 내가 아무 노력은 하지 않고 말로만 떠벌리진 않았는가를 먼저 생각해봐야 한다. '넌 안 된다'는 이유도 '넌 된다'는 이유도 사실 나 자신한테 있었다. 그 사람들의 말에서 거울 속의 나를 마주할 용기를 내야 한다.

자, 이제 우리를 한번 돌아보자. "올해는 꼭 다이어트할 거야." "매일 영어 공부해야지." 그중에 우리가 이룬 게 과연 몇 개나 있을까? 자신이 뱉은 말을 스스로 지키지 못하면, 그 말은 점차 힘을 잃어간다. 한번 질문해보자. 당신의 말은 사람들에게 말뿐으로 전해지는지, 행동이 담긴 말로 전해지는지.

사람들이 내게 안 된다고 하는 이유 찾기

● 내 목표 중 사람들이 내게 안 된다고 말한 것들을 써보자.

※ 사람들이 안 된다고 말한 이유를 해결하면, 그 일은 자연스레 될 일이 된다.

순번	항목	사람들이 안 된다고 말한 이유
1		① ② ③
2		① ② ③
3		① ② ③

나는 운을 부르는 말을
하고 있는 사람인가?

평소 우리가 하는 사소한 말 한마디에도 우리의 운에 영향을 미치는 작은 힘이 숨어 있다. 우리가 이 숨어 있는 운을 알아차려야 하는 이유는 이렇게 작은 것도 매일매일 반복되면 생각지도 못한 크기로 커질 수 있기 때문이다. 더군다나 입에 붙은 말 습관은 나중에 바꾸려고 해도 좀처럼 바꾸기가 어렵다. 그럼 지금부터 운이 들어오는 말 습관에 대해 하나씩 살펴보자.

첫 번째는 긍정적인 말이다. 내가 상대에게 준 긍정적인 에너지는 반드시 나에게 돌아온다. 내가 긍정적인 에너지를 줬음에도 내게 침을 뱉을 사람이 있을까? 그런 일은 잘 일어나지 않는다. 상대를 기분 좋게 하는 웃음과 리액션, 그리고 상대를 배려하는 긍정적인 말은 사실 별것 아닌 것처럼 보인다. 하지만 그렇게 작고 약해 평소에 잘 드러나지 않던 운이 시간이 지나 내게 정말 필요한 때가 되었을 때 매우 큰 힘으로 작용할 수 있다. 게다가 이건 습관의 문제라 내 몸에 배어 있기 때문에 사람을 만나 대화를 하는 행동 자체가 매일 조금씩 운을 적립하는 행위인 셈이다. 긍정적인 것이든 부정적인 것이든 내가 뿌린 에너지는 다 나한테 돌아오기 마련이다. 그러니 내가 평소에 하는 말을 잘 점검해야 한다. 사람들에게 상처 주지 않기 위해 노력해야 한다.

두 번째는 겸손한 말이다. 내가 무언가를 잘했을 때 내 공을 자랑하면 나에게 올 운이 반감된다. 가만히 있으면 모두 알아서 인정해줄 공인데 스스로 그 공을 과시함으로써 복을 걸어차는 경우가 많다. 그저 다른 사람들이 알아줄 때까지 기다리면 된다. 내가 말 안 하면 사람들이 몰라줄 것 같지만 세상일이 그렇지가 않다. 상대방에게 칭찬할 때도 마찬가지다. 상대가 앞에 있을 때 떠들썩하게 하는 칭찬보다 상대가 없을 때 하는 칭찬이 더 큰 힘을 발휘한다. 자신이 듣는 자리에서 하는 칭찬은 선심성 멘트이거나 아부하는 말로 여겨질 수 있지만, 자신이 없는 자리에서 하는 칭찬은 나중에 건너서 들었을 때 진심으로 하는 말로 들리기 때문이다. 상대방이 없을 때 한 말인데 어떻게 알 수 있는지는 걱정할 필요 없다. 어차피 좋은 말이든 나쁜 말이든 뒤에서 한 말은 모두 시간이 지나면 수면 위로 올라오기 마련이다. 세상에 '다른 사람한테 말하면 안 돼' 같은 그런 비밀은 없다.

세 번째는 운의 연결고리를 만드는 말이다. 이건 내가 말하는 것보다 남의 말을 잘 듣는 것과 관련이 있다. 예를 들어 한 회의에서 직원이 한 말을 사장이 귀담아듣고 반영하면 그 직원의 자기 효능감과 회사 생활 만족도는 더 높아질 수밖에 없다. '사장님이 내 의견을 잘 들어주고 있구나'라는 생각은 운의 연결고리 역할을 하며 그 직원에게 강력한 동기부여가 된다. 반대로 어떤 얘기를 해도 벽에 대고 하는 말처럼 느껴진다면 운의 연결고리가 만들어지지 않는다. 인맥이 상당히 좋은 한 사업가는 어떤 작은 것이라도 계속 운의 연결고리를 만드는 게 정말 중요하다고 말해주었다.

"솔직히 대기업 회장들이 뭐가 아쉽겠어요. 제가 해줄 수 있는 게 거의 없죠. 그런데 어느 날 한 회장님과 차를 마시고 있었는데, 지나가는 말로 어느 방송 프로그램에 출연하고 싶다고 하시더라고요. 저는 그 말을 귀담아들었고 마침 그쪽에 제가 아는 사람이 있어 연결해드렸어요. 회장님이 정말 고마워하면서 제게 필요한 다른 도움을 주셨어요. 작은 말 한마디도 허투루 듣지 않는 게 운의 연결고리를 만드는 길이에요."

이 과정에서 중요한 건 자연스러움이다. '내가 오늘 밥을 샀으니까, 내일은 네가 밥을 사'처럼 모든 게 다 철저하게 계산적이면 운의 연결고리는 사라진다. 바라는 것 없이 먼저 베풀고 상대가 원하는 것을 줄 수 있을 때 그런 말과 행동이 모여 신뢰가 쌓이는 것이다.

네 번째는 하지 않아도 될 말을 하지 않는 것이다. 태풍이 올 때는 태풍과 싸워 이겨야겠다고 맞서서는 안 된다.

소나무처럼 버티는 대신 풀처럼 눕는 지혜가 필요하다. 납작 엎드려서 태풍이 지나가길 기다리는 게 더 현명하기 때문이다. 하지만 많은 사람이 자기감정에 못 이겨 속에 있는 말을 겉으로 꺼낸다. 그러면 원래 있는 문제는 해결하지도 못한 채 자신의 말로 비롯된 더 큰 문제가 생겨서 결국 나 자신이 공격당할 빌미를 제공하게 된다. 나 역시 그런 악수를 둘 때가 간혹 있었는데 그때마다 든 생각은 '굳이 이렇게 일을 키워야 했나?' 하는 것이었다. 살면서 나를 힘들게 하는 일이 생길 때는, 상대를 넘어뜨리려고 하는 대신 최선을 다해 피하자. 하지 않아도 될 말이 나에게 온 나쁜 운을 더욱더 나쁘게 만든다.

　당신은 어떻게 말하고 있는가? 아마 좋은 습관도 있고 나쁜 습관도 있을 것이다. 중요한 건 우리가 하는 말이 우리의 운에도 영향을 미친다는 사실을 알고, 나의 좋은 말 습관과 나쁜 말 습관을 알아차리는 것이다. 그 둘을 구분해 자신의 말 습관을 더 좋게 바꾸려고 노력한다면, 당신의 운도 더 좋게 바뀌어 불시에 들이닥칠지 모를 어떤 불행을 막아줄 것이다.

운을 공부하며 알게 된
세 가지 역설

이번 책을 집필하면서 그동안 잘 몰랐지만 새롭게 깨닫게 된 사실이 있다. 운을 바라보는 관점을 조금 바꿔줄 수 있는 이야기라 간단히 소개하고자 한다.

첫째, 운이 좋았다고 말하려면 자격이 필요하다. 성공하지 못한 사람은 운이 좋았다는 말을 함부로 할 수가 없다. 고등학교만 졸업하고 최저시급에 원하지도 않는 일을 하며 비전 없이 사는 사람이 대학교에 진학하지 않은 걸 운이라고 할 수 있을까? 운이 좋았다고 말하려면 고졸 출신임에도 성공을 해야 하는 것이다.

예를 들어 올림픽에서 금메달을 목에 건 선수는 이렇게 말할 자격이 있다. "제가 정말 열심히 준비하기도 했지만, 이번 대회에서는 운도 좋았습니다." 은메달이나 동메달을 목에 건 선수도 어느 정도 운이 좋았다고 말할 수 있다. 그런데 4등도 그렇게 말할 수 있을까? "제가 운이 좋아서 4등을 했습니다" 혹은 "운이 좋아서 올림픽 본선에 나가지도 못했습니다"라고 말할 수 있을까?

결국 '운이 좋냐, 안 좋냐'는 '성공을 했냐, 하지 못했냐'에 대한 얘기이기도 한 것이다. 운에 대한 얘기는 전적으로 결과에 영향을 받을 수밖에 없다는 얘기다. '나는 운이 좋아 성공을 못 했습니다'라는 말은 애당초 성립할 수가 없다. 성공한 사람만이 '운이 좋았다'라고 말할 자격이 생긴다는 불편한 진실! 그래서 나는 여러분이 각자의 분야에서 어느 정도 성공을 했으면 한다. 일단 성공해야 운에 대해 말할 자격이 생긴다는 게 운의 첫 번째 역설이다.

둘째, 실력이 부족한 초기에 운이 들어올 틈은 더 많이 생긴다. 수백억대의 자산가인 슈퍼개미 이정윤 세무사가 운에 대한 아주 솔직한 이야기를 들려준 적이 있다.

"주식을 시작한 초기에는 특히 운이 더 크게 작용하는 것 같아요. 종목 하나 잘 골라서 작은 돈으로 큰돈을 벌었는데 종목 선택의 운이 왜 없었겠어요. 열 개 중에 고민하다가 한 종목을 찍었는데, 그게 상한가 가고, 5연상 갔던 경험도 있죠. 그런 종목을 선택한 데는 운이 많이 작용했어요. 그때는 제가 실력으로 그런 종목을 고를 순 없었거든요. 제가 잘한 건 그때 선택한 종목이 두 배, 세 배 막 오르는 걸 보면서 그걸 내 실력이라 오판하지 않았다는 거예요. 그보다는 '아, 열심히 하면 부자가 될 수 있겠구나' 하는 가능성을 봤어요. 운이 따랐다는 걸 인정하니까 더 열심히 노력할 이유가 생기더라고요.

사실 지금은 운이 들어올 틈이 많진 않아요. 왜냐하면 이미 어느 정도 이뤄놓았으니까요. 운보다는 실력이 훨씬 더 큰 영향을 미치는 때죠. 결국 운은 성공한 이후가 아니라, 성공하기 이전에 무언가를 시작한 초창기에 훨씬 크게 작용하는 것 같아요. 그러다 점점 내가 컨트롤할 수 없는 행운의 비중이 줄고 내가 컨트롤할 수 있는 실력의 비중이 늘어나죠. 그러다 어느 시점이 지나고 준비가 완전히 끝난 후에는 시간이 알아서 해결해줍니다. 그때부터 더 중요한 건 불운이 끼지 않도록 관리를 잘하는 거예요."

다른 슈퍼개미들 또한 비슷한 이야기를 많이 했다. 초창기에는 신문의 시세표를 보면서 무작정 종목을 찍었다는 사람도 있었다. 다만 그들이 다른 사람들과 달랐던 건, 자신이 운이 좋았다는 걸 인정하고, 더욱더 주식 공부를 열심히 했다는 것이다. 2년 동안 사람을 일절 안 만나고 주식 공부만 했다는 사람, 새벽 4시까지 시장에 상장된 주식의 코드 번호 2,000개를 모두 다 쳐다보고 기업 분석을 했다는 사람도 있었다.

운이 들어왔을 때 그걸 내 실력으로 착각하지 않았기에, 더욱더 노력해 자신에게 온 운을 실력으로 바꾼 것이다. 결국 초기에 찾아온 운을 운으로 받아들일 수 있을 때 진정한 성공으로 이르게 하는 내 실력을 더 키울 수 있다.

셋째, 운이 좋았다는 말을 믿지 않는 사람은 성공해본 적이 없는 사람이다. 꽤 성공한 사업가가 내게 해준 말인데, 그의 말 덕분에 나 또한 생각을 바꾸게 되었다.

"성공한 사람들이 운이 좋았다고 하는 말을 단순한 겸

손의 말로 생각하는 사람들이 있어요. 아직 성공하지 못한 사람들이죠. 그들은 운이 좋았다는 말을 믿지 않아요. 대단한 능력을 갖춘 사람들이 괜히 겸손한 척한다고 생각하죠. 하지만 성공한 사람들은 운이 좋았다고 하는 말이 사실임을 잘 알죠. 저도 성공한 사람이 운 이야기를 하면 '진짜 성공한 사람이 맞네, 성공할 자격이 있네'라고 생각해요. 왜냐하면 운이 작용하지 않고서는 큰 성공을 할 수 없다는 사실을 잘 알고 있으니까요.

저 혼자 잘나서 성공했다고 생각하는 사람은 거의 없을 거예요. 자기 노력만으로 그 모든 걸 다 얻었다고 말하는 건 새빨간 거짓말쟁이거나 아직 성공하지 못한 사람들뿐이에요. 제 경험만 봐도 그렇지만 성공하면 할수록 운 얘기를 안 할 수가 없거든요.

예를 들어 두 개의 사업 아이템 중 뭘 고를까 고민하다가 A를 선택했고 그게 잘돼서 돈을 번 건데, 만약 B를 선택했으면 망할 수도 있는 거잖아요. 예술, 운동 등 모든 분야에 다 적용되는 이야기예요. 어느 대학에 가서 누구에게 배울지 선택하는 것 등 크고 작은 선택 하나하나에

다 운이 작용하는 거죠. 성공한 사람들은 다 이렇게 생각할 거예요. '아, 그때 내가 다른 선택을 했으면 이런 날이 오지 않았겠구나'라고 말이죠. 성공한 사람이라면 운의 힘을 믿지 않을 수가 없어요."

성공한 사람일수록 운을 믿고 실패한 사람일수록 운을 믿지 않는다는 역설. 당신도 꼭 기억해두길 바란다. 운의 힘을 인정하는 사람만이 운을 잘 이용할 수 있는 법이다.

불운 속에
행운이 숨어 있다

우리는 살면서 종종 잘못된 행동을 저지르고 그에 따른 사과를 하기도 한다. 많은 대중에게 노출되어 있는 기업인, 정치인, 연예인, 인플루언서 등에겐 더 흔한 일이기도 하다. 그들이 저지른 잘못이 대중을 분노케 하면, 그들은 공개적으로 사과하며 머리를 숙인다. 하지만 그 사과 영상을 보고 진정으로 용서가 되는 경우는 흔치 않다.

내가 좋아하는 한 패션 유튜버는 자신의 의류를 제작하는 영상을 올렸다. 옷감의 재질, 바늘의 땀수, 치수 등을 고민하며 좋은 옷을 만들고자 하는 모습에 많은 시청자가 감동을 하여 그 옷을 주문했다. 그런데 알고 보니 그 옷은 카피 제품이었다. 그 후 다른 유튜버들의 저격 영상이 올라왔고, 그 패션 유튜버의 채널에는 악플이 넘쳐났다. 결국 사과 영상을 올렸지만, 그 영상에도 핑계와 해명이 가득했다. 그 영상을 보면서 또 다른 사과 영상이 올라오겠구나 생각했는데, 실제 사과 영상은 두 번이나 더 올라왔으며 그러는 동안 여론은 점차 더 안 좋아졌다. 댓글 기능은 아예 사용 중지가 되었다.

부인과 해명을 반복하며 진정한 사과의 타이밍을 놓친 게 문제였다. 그러니 마지막 코너에 몰려 한 사과는 진정성을 인정받기 어려웠다. 결국 3개월 정도의 휴식기를 가진 뒤 겨우 다시 복귀할 수 있었지만, 옛날만큼의 인기를 되찾기는 쉽지 않아 보인다.

나는 그 영상을 보면서 왜 이렇게 사과를 못하는 걸까 하는 안타까운 마음이 들었는데, 위기관리 전문가의 말에 따르면 원래 위기 상황의 당사자가 되면 두려움 때문에 자신의 실수를 스스로 감당하지 못한다고 한다. 그러다 보니 변명으로 가득한 사과문을 내놓게 되고 결과적으로 또 하나의 위기를 만들고 마는 것이다. 이른바 '위기 관리의 위기'인 셈이다. '위기관리 전문가들이 다른 기업이나 다른 사람들의 위기를 관리할 수 있는 건 자신의 위기가 아니기 때문'이라는 말에 고개가 절로 끄덕여졌다.

그런데 내게도 이런 일이 생길지는 미처 예상하지 못했다. 이 책을 집필하는 도중에 생긴 일이다. 나는 한 게스트와 바이오 섹터의 주식에 대해 이야기하고 있었다. 그 영상에서 한 기업의 사업보고서를 보며 이야기를 나누다가 바이오 회사의 경쟁력 중 하나라고 볼 수 있는 연구인력을 그 회사가 아닌 그 회사 계열사의 연구인력으로 축소해 말씀드려 시청자들에게 투자 정보의 혼선을 줄 수 있는 상황이 발생했다.

내가 생각했던 것보다 훨씬 더 큰 문제였다. 그 회사의 주주 커뮤니티 공간에 내 영상이 올라가며 안 좋은 글이 달리기 시작했고, 다른 유튜브 채널은 나를 공격하는 영상을 올리기 시작했다. 내 영상에는 1,000개가 넘는 악플이 달렸다.

위기관리 전문가가 말한 두려움이 무슨 의미인지 절실

히 깨달았다. 하루 만에 벌어진 일이기에 더욱더 무서웠다. 무려 1,000명이 넘는 사람에게 이렇게 일방적으로 욕을 먹는 건 태어나 처음이었다. 어떻게 해야 할지 몰라 발을 동동거리는 가운데, 머릿속에는 수많은 생각이 떠올랐다.

'지금까지 올린 1,200개 정도 되는 영상 중 겨우 실수 하나인데 사람들이 너무한 것 아닌가?'

'영상이 주말에 올라가서 주식시장에 피해를 주지도 않았는데.'

'게스트분은 왜 이런 실수를 하신 걸까?'

처음에는 나도 이런 변명 비슷한 생각만 했는데, 자리에 앉아 곰곰이 생각해보니 이건 게스트분의 실수인 동시에 나의 실수이자 잘못이었다. 영상 기획자이자 최종 책임자인 내가 녹화 및 후반 편집 과정에서 이를 바로잡지 못했다. 이에 대한 조치로 해당 영상에서 잘못 전달된 구간을 삭제하고, 고정 댓글로 잘못된 정보를 바로잡은 후 게스트분께 연락드려 함께 사과 영상을 찍어야 할 것 같다고 말씀드렸다. 그리고 다음 날 점심에 사과 영상을 찍은 후 바로 업로드를 했다. 놀랍게도 업로드 하루 만에 조회 수는 20만 회를 기록하고, 2,000개 이상의 선플이 달렸다.

"실수를 인정하시고 빠르게 바로잡아 주시는 모습에서 더욱 신뢰가 갑니다."

이런 식의 댓글이었다. 사람들은 오히려 사과하는 나를 응원해주었다. 그 사과 영상에 특별한 게 있는 건 아니었다. 그저 내 잘못을 숨김없이 있는 그대로 다 말씀드리고, 처음부터 끝까지 일관되게 죄송하다고 말씀드리며 용서를 구했으며, 앞으로 같은 일이 반복되지 않도록 최선을 다하겠다는 다짐이 있을 뿐이었다.

그때 깨달았다. 내가 잘못했다는 것을 솔직하게 말씀드리고 용서를 구하면 사람들은 오히려 나의 편을 들어준다는 것을 말이다. 만약 그때 내가 사과하는 도중에 "하지만 제 입장도 사실"이라며 나름의 변명을 늘어놓았다면 어떻게 됐을까? 그럼 나는 이 책 출간도 포기해야 하지 않았을까?

우리는 모두 의도치 않게 실수할 수 있고 잘못을 저지

를 수 있다. 특히 이런 소셜 미디어 시대에는 그 잘못 또한 금방 드러나기 마련이다. 위기관리가 엄청나게 중요해진 세상이다. 사건의 당사자로서 그 사건의 한복판에 있을 때는 두려움 때문에 상황 판단도 잘 안 되고 심리적으로도 너무 힘들지만, 그럼에도 불구하고 우리는 자신의 실수와 잘못에 대해 분명히 인정해야 한다. 잘못했음을 인정하고 용서를 구하는 사람에게 계속해서 돌을 던지는 사람은 없다. 위기의 순간에 중요한 것은 어쩌면 그 사건 자체가 아니라, 그 사건을 바라보는 우리의 태도이지 않을까?

6장

긍정

최악의 상황에도 잃지 말아야 할 것

구글 검색창에 [Google 검색]과 [I'm Feeling Lucky]라는
두 개의 버튼이 있다는 사실을 아는가?
[I'm Feeling Lucky] 버튼을 클릭하면 어떤 일이 벌어질까?
그 검색 결과에 해당하는 첫 번째 사이트로 바로 이동한다.
이 책도 이와 비슷한 역할을 하길 바란다.
'난 오늘 운이 좋을 거 같으니까, 이 책 한번 읽어볼까?'
그러면 당신이 가고자 하는 첫 번째 장소로
이 책이 데려다줄 것이다.

자격지심과 피해 의식을 버려야
얻을 수 있는 것

〈김작가TV〉에 출연한 게스트분들과 인터뷰 촬영을 끝낸 뒤 식사 자리를 가질 일이 종종 있다. 어느 날 도산대로의 한 고급 중식당에서 주식투자 쪽에서 이름만 들어도 알 만한 투자 고수 세 분과 식사 자리를 가졌다. 한 분은 거액의 자산을 운용하는 대표였고, 또 다른 한 분은 가치투자 분야에서 굉장한 고수로 알려진 투자자문사의 대표였고, 다른 한 분 역시 많은 돈을 번 전업투자자였다.

이름도 처음 들어본 다양한 음식에 고량주 몇 잔을 곁들여 다양한 이야기가 오고갔다. 각자의 일상부터 유튜브까지 다양한 주제로 대화를 나눴지만, 주식 고수가 세 명이나 모인 자리였기에 주식에 대한 이야기도 빠질 수 없었다. 자연스레 각자가 지금 가지고 있거나 관심이 있는 종목에 대한 이야기가 나왔다. 문제는 최소 20년 이상의 경력과 뛰어난 실력을 갖춘 그들의 말을 고작 1년 남짓 투자를 공부한 내가 제대로 알아들을 수 없었다는 것이었다.

코스피와 코스닥에 상장된 종목 수는 약 2,400개쯤 되는데, 당연히 그 많은 종목을 내가 알고 있을 리 없었다. 특히 특정 종목으로 들어가 세부적인 이야기를 나누면 나는 아무것도 알아듣지 못하는 백지상태가 돼버렸다.

〈김작가TV〉에서 투자 전문가를 모시고 인터뷰를 할 때는 사전에 철저한 준비를 하고, 인터뷰 질문지도 작성한다. 더군다나 주로 1:1로 대화를 하기에 투자 고수인 게스트들이라도 진행자인 나를 배려해서, 동시에 일반 시청자들의 수준을 배려해 대답의 난이도를 조절해준다. 하지만 그날의 식사 자리는 그런 배려가 필요하지 않은 자리였다. 자연스레 그 자리는 내게 조금은 피곤한 자리가 되었다. 내가 잘 알지도 못하는 회사의 정보를 내가 알아들을 수 없는 용어로 이야기했다. 마치 외국어로 대화하는 사람들 사이에서 나 혼자 바보가 된 것 같은 느낌이 들 정도였다.

혹시나 오해가 있을까 봐 이야기하지만, 그들에게는 어떠한 잘못도 없었다. 투자 고수들이 나를 배려해 모든 이야기의 난이도를 조절할 순 없는 노릇이었고, 심지어 그분들이 인터뷰 때 만난 김작가는 최대한 준비가 되어 있었기에, 내가 투자에 어느 정도의 내공이 있다고 생각했을 수도 있다. 하지만 그날은 대화에 필요한 그 어떤 사전 준비도 하지 않은 상태였고, 인터뷰라는 가면도 사라진 상태였다.

나 혼자만 자리가 좀 어색해지려고 할 때쯤 이런 생각이 들었다. 이 자리에 오고 싶어 하는 개인투자자가, 이 자리의 이야기만이라도 듣고 싶어 하는 개인투자자가 얼마나 많을까? 사실 이 자리는 내가 앉을 자리가 아니었다. 하지만 운이 좋게도 재테크 유튜브를 했다는 이유만으로, 그들을 인터뷰했다는 이유만으로, 다행히도 그 인터뷰가 꽤 괜찮았다는 이유만으로 그들과 식사 자리를 가질 수 있게 된 것이었다.

그렇게 생각을 바꾸고 그들의 대화에 집중하기 시작했다. 그러자 투자 고수들의 공통점이 보이기 시작했고, 투자 종목이 겹치는 것을 발견했고, 더 나아가 생각을 바꾸기 시작했다. '오늘은 이야기의 30%밖에 알아듣지 못했지만, 다음번에 또 이런 자리가 있으면 그때는 이야기의 50%는 알아들어야지. 그렇게 내 투자 실력을 쌓을 좋은 기회로 만들어야지' 하고 생각했다.

그러자 나를 가득 채우고 있었던 모든 자격지심과 피해의식이 사라졌다. 다행히도 그 순간의 힘든 감정을 최대한 테이블 밑으로 내려놓았기에, 몇 달 뒤에도 그들과 함께 식사하는 자리를 가질 수 있었고, 전보다 더 그들의 대화를 이해할 수 있었다. (그들이 말해준 몇몇 종목을 공부해 실제 투자에 나서 돈을 번 것은 덤이었다.)

생각해보면 어린 시절에도 이런 경우가 종종 있었다. 20대 중반 시절, 친하게 지내고 있었던 고등학교 동창을 오랜만에 만났다. 술자리를 가지며 이런저런 대화가 오가던 도중, 영어 성적에 대한 이야기가 나왔다. 서울의 명문대를 다니던 한 친구는 중고등학교 때 미국에서 유학 생활을 한 덕에 토익 점수가 만점이었고, 지방 국립대를 다니며 석사 준비를 하고 있던 다른 친구도 토익 점수가 900점이 넘었다. 그 당시 나는 토익 자체를 쳐본 적도 없는 상태였다.

친구들의 영어 점수를 듣자마자 머리가 어지러워지기 시작했다. 그저 나와 똑같이 놀고 있는 친구들이라고 생각했는데, 우리가 서 있는 위치가 꽤 많이 달라졌다는 것을 뒤늦게 눈치챈 것이다. 그 후 그 친구들과 1~2년 동안 만나지 못했다. 부끄럽지만 그 당시 나는 자격지심과 피해 의식이 컸다. 어쩌면 친한 친구들이었기에 어떻게 영어 공부를 하면 되는지, 영어 교재는 뭘 보면 되는지 물어보고 도움받을 수도 있었을 텐데, 오히려 연락이 오면 바쁘다는 핑계로 친구들을 만나는 걸 피했다.

시간이 지나고 나서 생각해보니 투자 고수들과의 자리나 내 친구들과의 자리나 어색하고 불편한 건 마찬가지였다. 어느 자리든 배울 것과 얻을 것은 있었다. 하지만 그 상황을 바라보는 내 관점과 태도에 따라 어떤 자리는 피하고 싶은 자리가 돼버렸고, 어떤 자리는 앉고 싶은 자리가 되었다.

당신에게도 분명히 앉아 있으면 배울 것이 많은 다양한 테이블이 있었을 것이다. 그 테이블을 박차고 일어난 건 누군가의 편견이나 시선이 아닌, 어쩌면 우리의 잘못된 피해 의식과 자격지심 때문일지도 모른다. 그 순간의 내 감정을 위해 일어날 수도 있다. 다만, 그 자리에서 일어나는 순간 그 자리에서 얻을 수 있는 것들도 놓고 가야 한다는 사실을 명심해야 한다. 한 가지 질문을 하고 싶다. 배울 것이 많지만 당신을 힘들게 하는 자리, 당신은 피하지 않고 그 테이블에 계속 앉아 있을 수 있는가?

자격지심 없애기

● 살면서 콤플렉스를 심하게 느낀 순간이 있다면 한번 떠올려보자.
※ 자격지심을 느낀 이유를 솔직하게 쓰고 그런 자격지심을 없애기 위해 해야 할
  일을 생각해보자.

순번	항목	자격지심을 느낀 이유	자격지심을 없애기 위해 해야 할 일
1			① ② ③
2			① ② ③
3			① ② ③

최악의 불운마저도
극복하게 하는 힘

사실 나는 운에 대한 책을 쓰는 것이 조금 민망할 정도로 운이 없는 사람이었다. 아니, 운이 없다 정도를 떠나 운이 나빴던 경우가 더 많았다. 20~30대에 있어 가장 중요한 대학, 취업, 결혼 모두 남보다 늦었거나, 아직 하지 못했다.

공부를 못했던 내가 갈 수 있는 4년제 대학은 거의 없었다. 그래서 2년제 전문대에 입학했고, 군대를 제대한 스물네 살에 다시 수능을 쳐 지방 사립대에 입학했다. 취업은 빨랐을까? 나는 세 번의 인턴십과 한 번의 계약직

일을 하는 1년 반의 시간을 거쳐 겨우 정규직 사원이 되었다. 그때 내 나이가 서른이었다. 그 밖에도 수많은 난관이 있었지만, 그때마다 한 가지 '관점'과 한 가지 '판단'으로 그 위기를 극복해 나갈 수 있었다.

답부터 먼저 말하자면 한 가지 '관점'은 긍정과 부정 중 긍정을 선택하는 것이었고, 한 가지 '판단'은 내가 할 수 있는 것과 할 수 없는 것을 구분하는 것이었다. 이 방법으로 평생을 따라다닌 외모 콤플렉스도 극복했고 학벌 콤플렉스도 극복했다. 하지만 내 삶의 진짜 불운은 따로 있었다. 긍정의 힘을 발휘하는 것도 내가 할 수 있는 것을 판단할 여유도 없을 정도로 불행할 때는 무엇을 할 수 있을까?

조심스럽지만 가족의 불행에 대한 이야기를 꺼내려고 한다. 아버지는 괜찮은 대기업에 다니다가 마흔 살의 젊은 나이에 명예퇴직을 당했다. 그 후 할 일이 없어 몇 년을 그냥 놀다가 집에 돈이 떨어질 때쯤 할 수 없이 택시 기사가 되었다. 한 달에 200만 원 정도의 돈을 벌기 위해 하루에 무려 열다섯 시간씩 운전했다. 20년 넘게 택시 운전을 해온 아버지에게 택시는 나이가 들어서 하는 여흥이나 취미가 아니었고, 말 그대로 생존의 수단이었다.

나의 유일한 형제인 형은 10년 넘게 우울증을 앓았고 자살을 시도한 적이 있다. 불행 중 다행으로 살아남았지만, 그 과정을 바라본 가족의 고통은 이루 말할 수 없었다. 그런 형의 모습을 오랫동안 지켜본 어머니 또한 우울증을 앓게 되었고, 결국 극단적인 선택으로 이 세상을 떠났다. 이 모든 불행은 내가 감당하기에 너무 큰 비극이었고, 결국 나 또한 그 후유증으로 우울증을 앓게 됐다.

어두운 방 안에서 천장을 바라보며 온갖 안 좋은 생각을 했다. 자살자의 유족은 일반인 대비 자살 위험이나 우울증에 걸릴 확률이 훨씬 더 높다고 한다. 실제 미국의사협회(AMA) 학술지인 《정신의학》에 발표된 연구 결과가 있다. 피츠버그대학교 메디컬센터에서 우울증 등의 기분장애를 앓은 부모 334명과 그들의 자녀 700여 명을 조사했다. 그런데 그 결과는 부모가 자살 시도를 한 적이 있는 경우 그 자녀가 자살을 시도할 가능성은 자살을 시도한 적이 없는 부모의 자녀에 비해 다섯 배 더 높은 것으로 나왔다. 한마디로 부모의 자살 시도는 자녀의 자살에도 강력한 방아쇠로 작용할 수 있다는 얘기였다.

나 역시 겁이 났다. 형이 자살을 시도한 적이 있고, 엄마가 같은 아픔으로 인해 세상을 떠났기 때문이다. 그렇게나 지독하고 끈질기게 엄마와 형을 괴롭혔던 우울이라는 놈이 나에게도 들러붙었다는 걸 알았을 때 내 마음은 절망으로 가득했다. 이쯤 되면 불행의 늪이 일반 사람들보다 훨씬 더 깊었다고 할 수 있지 않을까? 사실 우울증은 대개 우리가 어찌할 수 없는 부분에 기인하기 때문에, 근본적인 원인이 해결되지 않는 이상 속수무책으로 당할 수밖에 없다.

그래서 더욱 무기력해지고 병은 점점 더 깊어진다. 너무 깊은 고통이었기에 정상적인 사고가 불가능했지만, 그런데도 나는 오직 살아남기 위해 어떻게 이 병을 극복할 수 있을지를 매일, 매 순간 고민했다. 그러자 조금씩 실마리가 보이기 시작했다. 나의 우울의 근본적인 원인은 당연히 인정할 수 없고 인정하고 싶지 않은 일이 벌어진 데서 비롯한 것이었다. 그러니 우선 우리 가족에게 닥친 불행을 인정하는 것이 가장 먼저 해야 할 일이란 걸 깨달았다. 긍정의 시야를 가지는 건 여전히 불가능했지만, 내가 어찌할 수 없었던 우리 가족의 우울증과 엄마의 죽음은 어떻게든 받아들여야 했다.

그렇게 우리 가족의 불행을 인정한 나는 나 자신을 불쌍한 존재로 여기고 스스로를 다독이기 시작했다. 가까스로 부정의 늪에서 빠져나온 나는 그다음으로 내가 할 수 있는 것을 판단했다. 직업 특성상 불안정한 수입을 안정화하는 것이 우선이었다. 마음의 불안과 우울에 갇히지 않도록 몰입할 대상을 찾는 일도 필요했다. 그러기 위해선 움직여야 했다. 아무것도 하지 않는 것, 나는 그것을 가장 경계했다. 시간이 지났는데도 모든 상황이 그대로면 우울증이라는 늪에서 결코 빠져나올 수 없기 때문이다.

약도 먹고, 심리 상담도 받았다. 그간은 집에서 일을 많이 했는데, 이제는 분위기 좋은 카페에서 일하기로 했고 매일매일 햇볕을 쬐며 산책을 했다. 가까운 사람들을 만나며 내 아픔에 대한 이야기를 나눴고, 무엇보다 완전히 새로운 일인 유튜브 채널 운영을 시작해 새로운 사람과 만나면서 내가 해야 할 일에 몰두했다. 차도 바꿨고 집도 이사하기 위해 부동산에 문의했다. 조금이라도 나아질 수 있다면 시간, 장소, 사람 등 무엇이든 다 바꿨다.

정신과 의사 선생님조차 이렇게 노력하는 환자는 처음 봤다고 할 정도였지만, 그 정도로 나는 간절했지만, 지금까지 기울인 노력이 허무하게 느껴질 정도로 우울증은 쉽게 다스려지지 않았다. 하지만 쉽지 않다는 것일 뿐 완전히 불가능하다고 얘기하는 건 아니다. 결국 이런 꾸준한 노력이 나를 조금씩 우울증에서 벗어나게 했고, 어떻게 해야 벗어날 수 있는지도 조금 알게 되었다.

우울증의 바다에 처음 빠져본 나는 깜짝 놀라 허우적대기만 했다. 헤엄을 칠 줄 몰랐기에 그 깊이를 알 수 없는 바다에서 어떻게든 살려고 허우적댔지만, 애를 쓰면 쓸수록 더 깊은 바닷속으로 빠져들 뿐이었다. 냉정하게 말해서 우울증은 쉽게 낫지 않는다. 우울증이 생겼다는 것은 대부분 스스로 어찌할 수 없는 큰 문제가 있다는 뜻이다. 나처럼 비극적인 상황까지는 아닐지라도, 갑작스럽게 해고를 당하거나 경제적인 어려움을 겪는 등 자신이 어찌할 수 없는 불행한 상황에 빠지다 보면 우울증이라는 놈이 파고들어 와 약해진 마음에 똬리를 트는 것이다.

이처럼 큰 불행이 왔을 때 가장 중요한 것은 이 상황을 쉽게 해결할 수 없음을 받아들이는 것이다. 다시 말해 지금의 상황과 감정에 익숙해지는 것이다. 어렵겠지만 어느 정도 지점까지는 함께 가는 동반자라고 생각해야 한다. 뚝뚝 흐르던 피가 멎고, 딱지가 앉고, 상처가 아물고, 흉터가 희미해질 때까지 천천히 시간을 가지고 기다려야 한다. 인정하기 싫다고, 받아들일 수 없다고 무리하게 벗어나려고 애를 쓰면 쓸수록 그만큼 몸은 더 물속 깊은 곳으로 가라앉는다.

그렇게 우울한 감정과 나의 불행을 받아들이면 조금씩 내가 어찌할 수 있는 것들이 눈에 보이기 시작한다. 내가 뭘 어떻게 할 수 없는 일들은 내버려 두고, 내가 할 수 있는 것을 악착같이 찾아내 행동으로 옮기는 것이 중요하다. 그렇게 몸에 힘을 빼고 차분히 다른 곳으로 눈을 돌리면 어느 순간 따스한 햇볕을 받으며 물 위에서 유영하는 나 자신을 발견하게 될 것이다.

정도의 차이는 있겠지만 누구나 살면서 힘든 일에 부딪힌다. 어렵게 꺼낸 내 이야기가 당신에게도 도움이 되면 좋겠다. 긍정하고, 아니 긍정할 수 없을 땐 인정이라도 하고, 그 후엔 내가 할 수 있는 일을 판단하는 것이다.

이런 과정을 통해 우리는 불운을 극복할 수 있다. 이런 노력을 기울이기에 너무 힘든 순간이란 걸 나는 잘 안다. 그렇기에 당신에게도 최악의 순간이 찾아오면 이런 노력을 할 수 있길, 어떤 순간에도 용기를 잃지 않길 진심으로 바란다.

내 삶의 불운에서 벗어나기

● 인생을 살면서 만난 가장 큰 불운에 대해 써보자.

※ 할 수 있는 것과 할 수 없는 것을 적고, 할 수 없는 부분은 사인펜으로 지우자.

순번	항목	할 수 있는 것	할 수 없는 것
1		① ② ③	① ② ③
2		① ② ③	① ② ③
3		① ② ③	① ② ③

익숙한 것과 작별하고
유연하게 사고하라

직업 특성상 주식투자로 큰돈을 번 슈퍼개미를 많이 만난다. 그분들에게 주식투자 공부에 대해 물으면 하나같이 하는 말이 있다.

"이미 주식을 어느 정도 아는 분을 가르치기는 쉽지 않습니다. 본인만의 매매 습관과 버릇이 생겨버렸기 때문이죠. 차라리 주식을 아예 모르는 분을 처음부터 가르치는 것이 훨씬 낫습니다."

나 역시 그 말에 전적으로 동의한다. 내게도 유튜브 구독자 수와 조회 수를 늘리는 방법을 물어보는 다른 유튜버들이 꽤 있다. 나 또한 비슷한 시기를 겪었던 적이 있기에 썸네일과 제목을 어떻게 뽑으면 좋은지, 어떤 콘텐츠를 만들면 좋은지 상세히 알려준다. 시간과 정성을 들여 알려준 것이었지만, 실제 자신의 유튜브 채널에 적용하는 사람은 많지 않았다. 그들은 대부분 이렇게 답하며 나를 당혹하게 했다.

"아, 그 썸네일과 제목이 괜찮긴 한데 제가 원하는 스타일은 아닌 것 같네요."

"시간이 없어서 그렇게 편집하기는 힘들 것 같아요."

"말씀하신 대로 하면 남들과 비슷한 걸 만드는 게 아닐까요?"

사실 정답이 없는 문제긴 하다. 그래도 구독자 87만 명의 유튜브 채널을 운영하는 사람이 구독자 1만 명의 유튜브 채널을 운영하는 사람보다 조금이나마 더 많은 걸 알고 있지 않을까? 성공 확률이 조금 더 높은 방법을 알고 있지 않을까? 숫자는 거짓말을 하지 않는다. 참고로 나는 나만의 유튜브 성공 방정식을 만들기 위해 부단한 노력을 했다.

크리에이터 23인과의 심층 인터뷰를 통해 『유튜브 젊은 부자들』이라는 책을 출간했고, 유튜브 관련 상을 두 차례 받았다. 유튜브 관련 강사와 실용전문학교 유튜브 제작 관련 교수를 역임했고, 유튜브 관련 워크숍에 자주 참관하며, 구글 유튜브 매니저와 MCN 담당자와도 정기적인 미팅을 한다. 무엇보다 실제로 유튜브 채널을 운영하며 87만 명의 구독자를 만들었다.

하지만 많은 사람이 2년 반 동안 매일 유튜브만을 생각하며 시간을 보낸 내 말을 듣지 않고 자신의 방식을 고수한다. 이미 자신만의 원칙이 생겼기 때문이다. 한 가지 흥미로운 사실은 오히려 내가 썸네일과 제목에 관한 결괏값이 좋지 않을 때마다 주변 시청자들에게 끊임없이 물어보고 수정 방향을 찾는다는 것이다. 나는 내 방법이 영원한 정답일 리 없다고 생각한다. 나만의 생각에 빠지다 보면 결국 채널은 무너지게 되어 있다.

내 조언을 듣지 않는 사람에겐 다시 조언해주지 않았다. 내 이야기의 가치를 느끼지 못하는 사람에게 그 이야기를 계속할 이유는 없으니까. 고작 2년 경험한 내가 이렇게 느끼는데, 10~20년을 경험한 슈퍼개미들은 오죽할까?

7년 동안 똑같은 헤어스타일로 산 적이 있다. 앞머리는 살짝 길고 옆은 조금 짧은 모히칸 스타일이었는데, 이 스타일이 제일 잘 어울린다 생각해 몇 년째 고수하고 있었다. 그러던 어느 날 미용사분께서 헤어스타일을 한번 바꿔보면 어떻겠냐고 제안하셨다. 처음에는 그 말을 듣지 않았지만, 몇 개월째 말씀하셔서 어차피 실패해도 머리카락은 금방 다시 자랄 텐데 하고 그의 말을 따랐다. 그런데 머리를 자르고 거울을 보니 생각보다 너무 짧아져 마치 머리를 짧게 깎은 고시생이라도 된 듯한 느낌이었다.

'아, 괜히 잘랐구나' 싶었지만, 혹시 몰라 시청자분들에게 물어봤다.

'지금 스타일이 더 깔끔하고 멋있네요', '훨씬 더 어려 보여요' 같은 반응이 대다수였다. 100개가 넘는 댓글 중 이전 스타일이 좋다는 사람은 아무도 없었다. 그때 알았다. 전의 헤어스타일은 그저 내 눈에 익숙한 것뿐이었다는 사실을. 지금의 바꾼 헤어스타일이 더 좋지만 내 눈에 어색한 거였다는 사실을 말이다.

어쩌면 우리가 살면서 고집부리고 있는 것 중에도 이런 게 많지 않을까? 지금의 내 방식은 어쩌면 가장 좋은 방식이 아니라 그저 나에게 가장 익숙한 방식에 불과한 것인지도 모른다. 무언가 새로운 방법을 시도하는 게 두렵다면, 그때마다 잘라버린 머리카락은 시간이 지나면 다시 자란다는 사실을 기억하자. 겁먹지 말자. 웬만한 건 다 되돌릴 수 있다.

인생사 새옹지마와
진인사대천명

'인생사 새옹지마'는 살면서 수도 없이 들은 말 중 하나다. 길흉화복은 항상 바뀌기 때문에 미리 헤아릴 수 없음을 말해준다. 실제로 살다 보면 복이 화가 되기도 하고, 화가 복이 되기도 하는 온갖 경험을 한다. 단순화해서 말하면 성공적인 삶은 화를 복으로 바꾸는 기술에 달려 있는지도 모른다. 그렇다면 화를 복으로 바꾸기 위해 필요한 한 가지는 무엇일까? 바로 긍정적인 마인드다. 이에 대해 한 사업가가 내게 이런 말을 들려줬다.

"IMF 때 아버지 사업이 망해서 집이 어려워졌는데, 그게 저에게 좋은 운을 만들어줬다고 생각해요. 집이 망했기 때문에 어떻게 살아야 하는지, 우리 집을 어떻게 책임져야 하는지 등을 어린 나이에 고민할 수 있었죠. 그 후 열일곱 살에 혼자 서울에 올라와 일하기 시작했고 그렇게 지금까지 온 거예요. 그 시기에 우리 집이 평범했고 제가 부족함 없이 자랐다면 지금의 저는 없었을 거라고 확신해요. 그러니 집이 가난했던 게 저의 가장 큰 운이었던 거죠."

이와 비슷한 생각을 하는 투자자를 만난 적도 있다. 그는 이렇게 말했다.

"저는 카이스트를 졸업했는데 공부 잘하던 친구들이 가는 길은 어느 정도 정해져 있었어요. 3분의 1 정도는 박사과정을 밟아 교수가 됐고, 3분의 1 정도는 대기업 연구소에 갔거든요. 하지만 저는 그때 공부를 별로 안 해서 친구들보다 출발이 좋지 않았어요. 조그만 기업에 들어가 소프트웨어 엔지니어로 커리어를 시작했는데, 지금 돌이켜보면 그 선택이 저한테는 새옹지마 같은 거였죠. 지금 우리가 쉰이 넘었으니 대기업 연구소에 있는 친구들은

'이제 곧 회사에서 나오면 뭐로 먹고살지?' 같은 고민을 하고 있거든요.

전 그 걱정을 그들보다 훨씬 빨리했죠. 친구들에 비해 열악한 상황이었으니 '앞으로 뭘 해야 할까?'를 더 어린 나이에 고민하게 됐고, 그 힘으로 여기까지 왔어요. 사람들은 그 당시에 할 수 있는 최선의 선택을 하지만, 시간이 지나면 그때는 답이었던 게 지금은 아닐 수도 있거든요. 인생은 계획한 대로만 풀리는 게 아니기 때문에 운이 중요하다는 얘기를 다들 하는 거겠죠."

나도 마찬가지다. 처음에는 나도 내가 지방대를 간 게 운이 없는 것으로 생각했다. 하지만 그것도 생각하기에 따라 새옹지마가 될 수 있었다. 왜냐하면 여기에서 내가 열심히 해서 1등이 되면 오히려 더 돋보일 수 있을 것 같았기 때문이다. 실제로 학창 시절 총 열일곱 번의 공모전 수상을 하면서 학내에 있던 다양한 프로그램 지원에서 많은 혜택을 받았다. 만약 지방대가 아니었으면 그렇게까지 돋보이지는 않았을 것이다. 내가 다닌 학교에서는 나 같은 사람이 극소수였지만, 명문대에서는 나 같은 사람이 수십, 수백 명은 되었을 테니 말이다.

이처럼 현상으로만 보면 나쁜 일이지만, 그걸 활용하는 사람에 따라 나쁜 운은 얼마든지 좋은 운이 될 수 있다. 아무리 안 좋은 상황도, 힘든 상황도, 불행한 상황도 마음먹기에 따라 또 그것을 어떻게 활용하느냐에 따라 충분히 좋은 운으로 만들 수 있다는 얘기다. 그렇기 때문에 어떤 상황이 벌어져도 '나는 운이 좋다'라고 긍정적으로 사고하는 습관이 우리에겐 필요하다.

부정적으로 사고하면 긴장감이 더해져 합리적인 판단을 못하게 되지만, 긍정적으로 사고하면 합리적인 판단이 가능해지고 다음 기회를 도모할 수 있게 된다. 최악은 '나는 운이 안 좋아. 운 때문에 내가 안 되는 거야'라고 생각하는 것이다. 그 어떤 안 좋은 일도 새옹지마처럼 좋은 운으로 바뀔 수 있기에, 지금보다 나아지고 싶다면 긍정적인 마인드는 꼭 필요하다. 그 긍정적인 생각 하나가 우리 안에 잠든 운을 깨울 수 있다.

'인생사 새옹지마'만큼이나 많이 듣는 말이 또 하나 있다. 바로 '진인사대천명'이다. 인간으로서 할 수 있는 일을 다 하고 하늘의 뜻을 기다린다는 뜻인데, 긍정적인 마인드와 더불어 우리가 중요하게 여겨야 할 정신이다. 이와 관련해서 한 사업가가 내게 해준 이야기가 있다.

"가까운 분 중에 로또 사업을 하시는 분이 있어요. 그분이야말로 진짜 로또를 맞으신 분이죠. 코리아로터리서비스의 남기태 대표님인데, 원래 즉석복권 사업을 해왔기에 로또 사업을 딸 수 있었어요. 그런데 로또 사업이 처음부터 잘 풀린 건 아니었어요. 사람들이 로또를 너무 안 사니까 망하기 직전까지 갔었죠. 돈이 딱 일주일 남았을 정도로 위태로운 상황이었어요. 그런데 갑자기 상황이 반전돼서 로또 열풍이 불었어요. 그 스토리를 들어보면 이게 운인지 노력인지 구분하기 어려워요.

그때 살기 위한 몸부림으로 로또를 공짜로 뿌리는 이벤트를 진행했거든요. 하지만 로또 열풍의 진짜 배경은 따로 있었어요. 로또 1등이 계속 안 나온 거죠. 1등이 안 나오니 상금이 130억 원 정도까지 늘어났어요. 그게 기사화되고 사람들이 관심을 가지기 시작하니까 로또 열풍이 분 거예요. 이분이 성공한 비결은 뭘까요? 로또를 사람들에게 공짜로 나눠준 것? 로또 사업을 하게 된 것? 오랜 기간 로또 1등이 안 나온 것? 뭐가 운이고 뭐가 노력이고 실력인지는 사실 명확하게 나뉘지 않을 때가 많더라고요. 삶이라는 게 원래 가늠하기 힘든 복잡계니까요.

우리 회사에서 임원들끼리 제일 많이 쓰는 말이 '진인사대천명'이에요. 어떤 일을 도모할 때 그만큼 도움이 되는 말도 없는 것 같아요. 내가 인간으로서 해야 할 일을 다 한 후에 하늘의 뜻을 기다리는 거죠. 노력한 만큼 운이 따르면 하늘에 감사하면 되고, 그게 아니더라도 낙담하지 말고 다음 기회를 도모하는 거죠. 저는 자신에게 찾아온 운에 감사해하는 사람을 보면 더 마음이 가더라고요."

그의 말처럼 우리는 자신에게 주어진 환경에서 최선을 다하면 된다. 그러다 보면 운이 따를 때가 있는 거고, 그 운이 닿으면 감사해하면 되는 거다. 만약 운이 바로 따르지 않는다고 해도 그 운이 올 때까지 끝까지 노력하면 되고, 올지 안 올지 알 수 없는 그 운을 겸손하게 기다리면 된다. 이에 대해 2016년 리우 올림픽 양궁 국가대표팀 문형철 감독님이 내게 이런 말을 들려줬다.

"양궁 실력은 대한민국이 세계 최고라는 걸 선수들도 알아요. 하지만 경기 당일 운이 없을 수도 있거든요. 날씨가 안 좋을 수도 있고 컨디션이 떨어질 수도 있으니까요. 선수들도 그런 불안을 느끼고 걱정을 많이 해요. 그럴 때 제가 선수들에게 했던 이야기가 있어요. '나는 종교인도 아니고 믿는 신도 없다. 하지만 내가 믿는 게 하나 있는데 운도 실력이라는 거다. 그러니 두려워할 필요가 없다. 너희들 노력이 부족했고 훈련에 떳떳함이 없다면 불안해해도 되지만, 최선을 다해 노력했으면, 하늘도 너희 편을 들 것이다. 그러니 노력한 만큼의 운을 믿고 두려움 없이 시합을 치르자!'"

대한민국 양궁은 리우 올림픽 때 사상 최초로 전 종목을 석권했다(여자 개인전, 여자 단체전, 남자 개인전, 남자 단체전). '믿고 보는 대한민국 양궁, 지면 역적'이라는 소리를 들을 만큼 잘하는 것은 맞지만, 양궁의 모든 종목에서 금메달을 차지한 것은 정말 말도 안 될 정도로 대단한 것이다. 문형철 감독님의 말처럼 자신이 할 수 있는 최선을 다한 사람에게 하늘은 뭐라도 더 주지 않을까? 그게 결국 좋은 운으로 이어지는 게 아닐까? 우리가 결과를 컨트롤할 수는 없지만, 그 과정에서의 노력은 전적으로 우리에게 달려 있다. 그러니 우리는 우리가 할 수 있는 것을 하며 그 결과는 하늘에 맡기고 겸손하게 기다리면 된다. '진인사대천명'의 마음가짐이 당신이 하는 일에 더 많은 운을 가져다줄 것이다.

7장

시도

운을 만드는 최소한의 원칙

운이 나를 찾아오는 걸까? 내가 운을 찾아가는 걸까?
밭에 씨를 뿌리지 않았는데
사과나무, 포도나무가 자랄 수 있을까?
씨를 뿌려야 하늘에서 비도 내려주고, 바람도 불게 해
맛있는 사과와 포도 열매를 맺히게 하는 것 아닐까?
우리가 운을 찾기 위해 해야 할 최소한의 일은
바로 하늘이 우리에게 운을 뿌려줄 틈을 만들어 놓는 것이다.

그저 시작했을 뿐이었다

무엇이든 처음 시작하는 순간은 설레기보다 무섭기 마련이다. 그 공포와 두려움은 시작하려는 우리의 발목을 붙잡고, 도전하는 것을 주춤하게 만든다. 사실 어린 시절의 우리는 그렇지 않았다. 난생처음 해보는 게 많았음에도 그 모든 시작은 두려움보다 설렘이 더 컸다.

하지만 나이를 먹으며 다양한 일을 겪고, 성공보다는 실패를 더 많이 경험하면서 세상이 녹록지 않음을 깨닫게 된다. 그저 설레는 마음으로 이것저것 그냥 시도해보았던 건 어려서 아무것도 몰랐기에 가능한 것이었다. 그렇게 우리는 새로운 도전을 주저하고, 심지어 아예 멈춰 버리게 된다.

내 나이 스물다섯, 가진 것이라곤 학생증과 운전면허증이 전부였다. 낮에는 PC방, 노래방을 넘나들며 시간을 때웠고, 밤에는 친구들과 술만 마셨다. 무엇 하나 잘하는 게 없는, 조금은 부족한 학생이었다. 그러던 어느 날 우연히 보건복지가족부에서 주최한 공모전 포스터를 보게 되었다. 처음이라는 공포에 짓눌린 내 인생 최초의 도전은 이때 시작되었다.

총 여섯 명의 학생이 모여 팀을 꾸렸는데 처음엔 그야말로 모든 것이 엉망이었다. 우선 나를 포함한 모든 팀원이 공모전 준비가 처음이었다. 기획서를 어떻게 써야 하는지조차 아는 사람이 한 명도 없었다. 그럼에도 혹은 그래서 우리는 5개월 동안 이 공모전 하나에만 미친 듯이 매달렸다. 그러자 기적이 일어났다. 550 대 1에 가까운 경쟁률을 뚫고 전국 1등을 했다. 보건복지가족부 장관상을 받았고, 일본 탐방이라는 포상까지 받았다. 처음 가본 일본 선술집에서 사케 한잔을 마시며 '이게 우리가 한 일이 맞는 건가?'라는 생각을 했다. 더 놀라운 것은 그 후 내가 대학을 졸업하는 날까지 총 열일곱 번의 공모전에서 입상했고, '대한민국 인재상' 수상자로 대통령 상장까지 받았다는 사실이다. 그저 시작했을 뿐이었다.

대학 졸업 후 서른한 살의 나이에 책을 출간하고 싶었다. 한 번도 책을 내보지 않았기에 어떻게 글을 써야 하는지, 출판사의 문은 어떻게 두드려야 하는지 아무것도 알지 못했다. 그래도 일단 글을 썼고 무식하게 세상과 부딪쳤다. 그렇게 9년의 세월이 지났다. 놀랍게도 나는 일곱 권의 책을 출간한 베스트셀러 작가가 되어 있었다. 그저 시작했을 뿐이었다.

서른여덟 살의 나이에 작가로서 위기감을 느끼기 시작했다. 사람들이 더 이상 책을 보지 않았고, 텍스트에서 영상으로 시대가 바뀌고 있었다. 2018년 10월 29일 유튜브에 첫 영상을 올렸다. 아직도 그날을 정확히 기억한다. 유튜브 채널을 운영하는 게 작가로서의 커리어를 망치는 건 아닌지 걱정됐고, 심지어 촬영, 편집에 관해 아무것도 몰랐기에 몇 날 며칠 잠을 이루지 못했다. 스트레스성 근

육통으로 인해 온몸이 욱신거렸다. 글을 쓰는 작가에서 영상을 만드는 크리에이터로 변신하는 일은 꽤 힘든 과정이었다. 마치 영업자가 개발자로 직무 전환을 할 때 느끼는 어려움과 비슷할 것 같았다. 솔직히 고백하건대, 나는 그때 무서웠다. 그래도 그냥 시작했다. 그렇게 시작한 채널이 2년 반의 시간이 지나 재테크, 자기계발 채널에선 조금은 알려진 구독자 87만 명의 〈김작가TV〉가 되었다. 그저 시작했을 뿐이었다.

공모전, 도서 출간, 유튜브 채널 운영이란 새로운 도전을 하며 얼마나 많은 난관이 있었겠는가? 정성껏 글을 쓰고 야심 차게 준비해 출간했음에도 아무도 읽지 않는 경우도 있었다. 남들은 채널 운영 1년 만에 구독자 50만 명, 100만 명을 만들 때, 1년이 된 채널의 구독자는 겨우 6만 명에 불과했다.

생각보다 잘 풀리지 않는 순간마다 다른 사람들과 차별화하기 위해 최선을 다했지만, 누군가 이 모든 것이 어떻게 가능했냐고 물어보면 단 한 문장밖에 생각나지 않는다. 그저 시작했을 뿐이었다.

무섭지만 시작했고, 시작한 내게 세상은 작지만 달콤한 운의 맛을 슬쩍 보여주었다. 무엇보다 일단 시작해야 운이 들어올 틈이 생긴다는, 어쩌면 아주 당연한 진리를 몸으로 알게 되었다. 내가 그저 두려움이나 무기력함에 빠져 아무것도 하지 않았다면? 공모전도 포기하고, 책을 쓰는 일도 나와는 상관없는 일이라고 생각했다면? 그냥 지금까지 하던 일만 잘하자고 생각해서 유튜브 채널을 개설하지 않았다면? 나는 나의 운을 시험해보지도 못한 채, 어딘가에서 지금과는 다른 삶을 살고 있을 것이다.

　나는 지금도 새로운 도전 앞에 서 있다. 나는 여전히 새로운 도전이 무섭다. 실패할 확률이 더 높다는 것도 알고, 최악의 경우 이미 이뤄놓은 것을 잃을지도 모른다는 것도 잘 알고 있기 때문이다. 그래도 나는 일단 시작하고자 한다. 어쩌면 우리는 무언가를 시작할 때 그 일을 이미 잘하고 있는 사람을 보며 주저하고 있는지도 모른다. 하지만 기억해야 한다. 그 일을 처음 시작한 그 사람도 어설펐던 시작이 있었다는 것을. 어떻게 하는지 알기에 시작하는 게 아니라, 어떻게 하는지 알기 위해 시작해야 한다는 것을.

그러니까, 일단 시작해야 한다.

도착점만큼 중요한
시작점

가끔 운전해서 다른 지역의 맛집을 찾아간다. 단 한 번도 가보지 않은 곳이라도 전혀 걱정하지 않고 집을 나선다. 내가 운전을 특별히 잘해서가 아니라, 내비게이션이 정확한 길 안내를 해주기 때문이다.

혹시 그런 생각을 해본 적 있는가? 우리가 운전할 때 어떻게 길을 헤매지 않고 갈 수 있는지를 말이다. 사람들에게 이 질문을 던지면 대부분 도착지를 입력했기 때문이라고 말한다. 반은 맞고, 반은 틀렸다. 우리가 도착지를 입력하기 전, 내비게이션의 GPS는 우리의 위치를 파악해 자동으로 시작점을 잡아준다. 예를 들어 도착지로 대전을 찍었는데, 실제 내가 있는 서울 마포구가 아니라 강남구로 시작점이 잡혔다면, 제대로 대전에 도착할 수 있을까?

갑자기 웬 내비게이션 타령이냐고 생각할 수도 있겠다. 인생을 살면서 내가 만나본 사람은 크게 두 부류로 나뉜다. 하나는 목표 없이 그냥 삶을 사는 사람, 그리고 다른 하나는 목표를 갖고 치열하게 사는 사람. 애당초 잘못된 삶이란 건 없지만, 열심히 사는 사람에게 아무래도 더 마음이 간다. 더 응원하고 싶고 더 큰 박수를 보내주고 싶다.

그런데 그렇게 열심히 살아 변호사, 의사, 회계사 같은 사회적으로 선망받는 직업을 가진다면 그걸로 행복해질까? 사실 둘은 완전히 다른 이야기다. 내 주변에도 성공은 했지만 행복하지 않은 사람이 꽤 많다. 이유가 무엇일까? 성공이란 도착점을 목표로 설정하고 이를 달성하기 위해 열심히 살았지만, 시작점인 '나 자신'이 누구인지는 전혀 고민하지 않았기 때문이다.

나 또한, '나는 누구인가?'를 고민하면서 사주도 보고 직업적성검사, MBTI 등 다양한 검사도 받아봤다. 하지만 이런 검사는 내 모습을 대략적으로만 그려줄 뿐, 그것만으로 나를 제대로 알 수 있는 건 아니어서 답답했다. 나만을 위한 것이 아니라 모든 사람을 유형화한 검사이다 보니 구체적인 결과를 기대할 수 없었고, 현실적인 조언도 부족했다.

그때 문득 '그래, 그럼 나를 직접 설문조사 해보자. 내가 직접 문항을 만들고, 내 주변 사람들에게 평가를 받아서 오직 김도윤만을 위한 검사를 해보자'라는 생각이 들었다. 우선 나에 대해 자세히 알고 있어서 나를 제대로 평가해줄 수 있는 주변 지인 서른 명을 선정했다. 그러고는 바로 설문지를 만들었다. 인간관계, 자기관리, 성실성, 창의성 등 총 열두 가지 역량을 측정할 수 있는 서른세 개의 객관식 문항과 그 질문을 조금 더 파고들 수 있게 장단점을 쓰는 서술형 문항을 만들어 한 달 동안 설문 조사를 진행했다.

설문 결과 나의 가장 큰 장점은 바로 '열정과 도전정신이 뛰어나 포기를 모른다'는 것이었다. 이 장점은 그 후 무수히 많은 실패 속에서도 당당하게 웃으며 문제점을 분석하고, 다시 부딪쳐 결국 해내게 하는 힘이 되어주었다. 가장 큰 단점은 '한 가지 일에 몰두하면 거기에 너무 많은 시간을 소비한다'는 것이었다. 이에 효율적인 시간 분배를 위해 연간, 월간 일정표를 만들고, 하루의 시간표를 체크하는 습관을 만들었다. 그런 노력 덕에 주어진 시간 안에 계획한 일들을 성공적으로 끝내는 체질로 바꿀 수 있었다.

이처럼 나를 찾는 설문조사는 내게 꽤 큰 도움이 되었다. 나만의 객관적인 역량 지표를 확인할 수 있었고, 지표로는 담을 수 없는 나에 대한 사람들의 주관적인 인식도 알 수 있었다. 무엇보다 가장 의미 있는 것은 '나를 찾는 한 달간의 과정'이었다. 매일 하루에 한 명씩 설문조사가 끝난 후엔, 당연히 '나 자신'을 주제로 대화를 나눴고, 나의 내면 깊은 곳에 자리 잡은 꿈과 소망, 그리고 가치관 등에 대해 이야기를 나누었다.

사실 '나 자신'에 대한 진솔한 이야기를 주변 사람들과 나누기는 쉽지 않다. 하지만 설문지라는 도구가 매일 한 시간씩 나에 대한 이야기를 나눌 수 있게 도와주었고, 덕분에 나라는 사람의 정체성을 깊이 파악할 수 있었다.

그래서 나는 10년 후에 한 번 더 나에 대한 설문조사를 진행했다. 놀랍게도 객관식으로 만든 총 열두 가지 항목 모두에서 점수가 나아진 것을 확인할 수 있었고, 더 많이 쓰인 장점, 그에 반해 현저히 줄어든 단점이 적힌 설문 결과를 확인할 수 있었다. 나는 10년 전 나를 알기 위해 시작한 일로 인해 지금 내가 좋아하고 잘하는 일을 하고 있고, 더 행복하게 살아갈 수 있게 됐다고 생각한다. 이 모든 것이 가능했던 건 '나는 누구일까?'를 고민했던 시작점 덕분이었다. 시작점이 분명해지자 도착지로 가는 여정 내내 세상은 내게 더 많은 운을 가져다주었다.

이처럼 우리의 목표 달성이 행복으로 이어지도록 하기 위해서는 무엇보다 먼저 나 자신을 알아야 한다. 그 시작점인 나에 대해 제대로 이해하고 있어야 내가 어디로 가야 하는지, 그곳으로 가기 위해 무엇을 해야 하는지 더 정확히 알 수 있다. 그러니 목표를 달성하기 위해 치열히 노력하는 만큼, 나 자신을 알아가는 노력도 함께 해보는 것이 어떨까? 한 달 만이라도 충분하다. 80년 이상 사는 인생에 나를 찾는 데 한 달간의 시간을 쓰는 건 그렇게 밑지는 장사는 아니지 않은가?

나의 장점, 단점 찾기 & 한줄평 적기

● 지인 세 명에게 다음을 질문하고 그 답을 들어보자.

1. 나의 장점은 무엇인가?

1

2

3

2. 나의 단점은 무엇인가?

1

2

3

3. 나라는 사람을 한줄평으로 정리하면?

1

2

3

복권을 긁지도 않았는데
당첨이 될 순 없다

경제를 분석하고 전망하는 이코노미스트이자 여러 권의 베스트셀러 작가인 홍춘욱 박사님께 운에 대해 물어본 적이 있다. 박사님은 운을 복권이라고 답하셨다.

"운이란 결국 많이 긁은 사람에게 오는 것 같아요. 유명한 이야기가 하나 있죠. 신에게 날마다 기도하던 사람이 생활고로 더 이상 못 살게 되자 자살하기 전에 하느님 욕을 했어요. '제가 도움을 달라고 이렇게 열심히 기도했는데, 왜 빈곤에 허덕여서 자살하게 만드느냐'고 말이죠. 그 말에 신이 나타나서 이렇게 답했어요. '네 기도를 들으면서 궁휼히 여겨 도와주려고 기다리고 있었는데, 너는 복권 한번 긁어본 적이 있느냐? 나의 도움을 받고 싶으면 네가 뭐라도 해야 내가 도와줄 수 있지 않겠느냐? 복권 하나 안 긁고, 주식 한 주 사본 적 없고, 사업 한 번 벌인 적이 없는데 내가 널 어떻게 도와줄 수 있겠느냐? 그런 주제에 마지막에 신을 저주하니까 열 받아서 나왔다.'

제가 이 이야기를 참 좋아해요. 저한테도 많은 사람이 물어보거든요. '박사님 저는 왜 일이 잘 안 풀릴까요?' 그때마다 저는 '네가 아직 덜 해봐서 그렇다', '덜 저질러서 그렇다', '계속 뭔가 더 해봐야 한다'고 조언해요. 무슨 일이라도 해보지 않고서, 운이 터지기를 기다리는 건 길거리를 걷다가 금덩어리를 줍길 바라는 것과 마찬가지잖아요. 그건 아니죠. 뭐라도 해야 운이 터질 수 있는 거예요. 저 역시 운이 터진 적이 몇 번 있는데 지나고 생각해보면 다 제가 뭐라도 시도해보고, 열심히 알아보고, 사람들을 만나다 터진 거지, 가만히 있는데 갑자기 전화 와서 '홍춘욱 씨 복권 당첨됐습니다' 그런 건 없었어요. 그래서 운은 자기가 얼마나 복권을 긁었느냐에 달린 것 같아요. 나에게 얼마나 많은 운이 있는지 알려면, 일단 많은 일을 시도하고, 다양한 사람을 만나는 등 계속 복권을 긁어야 해요."

나도 그의 말에 100% 동의한다. 뭐라도 고기를 잡으려면 일단 낚싯대를 많이 던지는 방법밖에 없다. 일단 시도를 많이 해야 행운이든 불행이든 들어올 여지가 생길 텐데, 평생 아무것도 안 하고 집에만 누워 있으면 운이 들어올 여지가 아예 사라지기 때문이다. 다양한 활동을 하는 사람이 운의 존재를 맞닥뜨릴 확률이 높을 수밖에 없다. 그러니까 뭔가를 해야 한다. 주식을 안 샀는데 내 자산이 오르거나, 퍼팅을 안 했는데 공이 갑자기 홀로 들어가는 일은 절대 일어나지 않는다.

소프트뱅크 손정의 회장은 2000년에 설립 1년밖에 되지 않은 기업에 약 200억 원을 투자했다. 20명 남짓한 직원으로 이루어진 작은 회사였다. 그런데 15년이 지난 후 그 회사는 뉴욕증권거래소에 상장되었고 기업가치는 약 174조 원에 이르게 되었다. 최대 주주인 소프트뱅크가 보유한 지분 가치는 약 59조 원으로 불었다. 무려 첫 투자

액의 3,000배에 달하는 수익을 남긴 전무후무한 사건이었다. 이게 바로 많은 사람이 알고 있는 알리바바 창업자 마윈을 만나 6분 만에 200억 원을 투자한 미다스의 손 손정의 회장의 일화다. 신문 기사는 그가 단 6분 만에 마윈의 엄청난 잠재력과 인사이트를 발견해 파격적인 투자를 단행한 것에 주목했지만, 우리가 진짜 알아야 할 것은 따로 있다. 과연 손정의 회장은 그동안 마윈 같은 사람을 만나기 위해 얼마나 많은 사람을 만났을까? 수많은 사람을 만났는데 그중 한 명이 마윈이었던 것 아닐까? 그 한 번의 투자가 그동안의 시간을 다 보상해준 것 아닐까?

손정의 회장이 '내가 하루에 미팅 몇 개씩 하는지 알아?'라고 떠벌리고 다니겠는가. 그래서 사람을 잘 알아봤다는 식으로 포장이 되고, 운이 좋았다는 말을 듣는 건데, 손정의 회장 같은 성공한 사람들의 삶을 돋보기로 들여다보면 그 안엔 수많은 낚싯대를 던져놓는 부지런함이 있다. 운을 들어오게 하는 수많은 시도가 결국 마윈 같은 대어를 낚을 수 있게 한 것이다.

내가 알고 있는 성공한 CEO들도 잠을 가능한 한 적게 자며 밤에 책을 읽고, 새벽에 메일을 보내고, 하루에 수십 번의 미팅을 하는 사람들이었다. 다른 사람 몫까지 두 명, 아니 세 명 치를 사는 사람들이었다. 한 번밖에 살 수 없는 인생을 두 번, 세 번 사니까, 당연히 운도 두 배, 세 배 더 따르는 것 아니겠는가? 운을 만날 확률은 시도의 양과 비례할 수밖에 없다. 그러니 한두 번 잘 안 됐다고 포기하지 말고 여러 번 시도하자. 당신이 시도하는 만큼 운이 당신을 따른다.

두려움 없이 도전하는
사람들의 비밀

운을 좌우하는 것 중 하나가 '시도'라는 이야기를 했다. 그렇다면 과연 어떤 사람이 살면서 실패할지도 모르는 일에도 시도를 잘할 수 있는 걸까? 불확실한 결과 앞에서도 두려움 없이 도전할 수 있는 사람은 누구일까? 이와 관련해 공감 가는 이야기를 들려준 한 작가의 말을 전할까 한다.

"사실 부모 잘 만나는 게 좋은 운의 끝판왕이죠. 단순히 돈이 많은 부모 얘기를 하는 게 아니에요. 부모가 자식에게 줄 수 있는 건 돈 말고도 많거든요. 성공하기 위해 계속 도전하려면 지구력과 의지력이 필요해요. 그건 어디서 길러질까요? 어려서부터 '넌 안 돼, 네가 아무리 해봐도 되겠니?' 같은 식의 부정적 피드백을 많이 받은 사람이 그게 가능할까요? '너는 잘될 거다, 나는 너를 믿는다' 같은 긍정적인 피드백을 많이 받은 사람이 실패에 대한 두려움 없이 더 많은 시도를 할 수 있지 않을까요?

'넘어져도 넌 다시 일어날 수 있어. 네 뒤에는 언제나 널 믿고 도와주는 든든한 아빠와 엄마가 있어. 힘들면 와서 말해, 우리가 도와줄게. 넌 잘할 수 있어.' 설사 실패하더라도 이런 얘기를 많이 들은 아이들이 커서도 계속 도전할 수 있는 거죠. 이처럼 긍정적 피드백을 해주는 부모는 실패했을 때도 앞으로 나아갈 힘을 주는 반면, 부정적 피드백을 해주는 부모는 자식을 바로 패배자로 만들어버리죠.

그런 측면에서 저는 좋은 부모님을 만난 것 같아요. 어머니는 늘 저한테 '넌 할 수 있다, 엄마는 널 믿고 기다릴게' 같은 말을 해주셨거든요. 저 또한 자식들에게 긍정적인 피드백을 해주려고 노력합니다. 조금 뒤처지고 느린

아이에게는 더 가까이 가서 힘이 나는 말을 해주려고 하고, 친밀한 관계를 유지하려고 더 애를 쓰죠. 그게 부모가 아이에게 줄 수 있는 가장 위대한 유산이 아닌가 싶어요."

어릴 적 부모에게 사랑을 많이 받은 사람일수록 정서적으로 안정이 되어 있다. 반대로 어릴 때 부모의 사랑을 못 받고 자란 사람일수록 자아가 심리적으로 불안정한 경우가 많다. 자아가 흠집 나는 걸 두려워하다 보니 방어적인 성격을 갖게 되고 자격지심이나 피해 의식도 남들보다 쉽게 생긴다. 한 번 실패했어도 다시 도전하면 성공할 가능성이 충분히 있음에도 지레 겁먹고 포기한다. 상황 자체를 부정적으로 보는 습관에 길들어 있기 때문이다.

좋은 부모를 만나는 운이 내게 없었다면 어떻게 해야 할까? 긍정적인 피드백을 해주고 나를 지지해주는 다른 사람을 만나야 한다. 특히 평생을 옆에서 함께하게 될 배우자의 선택이 중요하다. 실제로 배우자를 잘 만나 갑자기 운이 트이는 사람이 종종 있다. 긍정적인 피드백으로 자신의 운을 키워주는 사람이었던 것이다.

우리는 스스로 부모를 선택할 순 없지만, 배우자는 선

택할 수 있다. 또한, 내 자식에게 긍정적인 피드백을 해주는 것 또한 나의 선택이다. 운은 타고나지 못해도 운을 만드는 역량은 키울 수 있고 키워줄 수 있다. 인생이란 긴 마라톤에서 지치지 않고 뛰어가는 힘의 원천이 되는 것은 그런 사랑의 마음이다. 그러니 당신 주변의 사람에게도 당신이 그런 사람이 되어주자. 당신이 해주는 긍정적인 피드백이, 따뜻한 사랑과 확고한 지지가 당신의 소중한 사람에게 가장 좋은 운이 되어줄 테니까.

운이 들어왔을 때
그걸 '내 실력으로' 착각하지 않기를
운이 빠져나간 여백만큼
'내 노력으로' 채울 수 있기를
_ 김작가

내 파도를 기다리는 숙련된 서퍼처럼

이 책 집필을 거의 다 마무리한 후, 그간의 생각을 정리하기 위해 잠시 시간을 내 강원도 양양에 왔다. 집필하는 동안에도 유튜브 영상 촬영을 하지 않을 수 없었고 다른 업무 미팅도 끊임이 없었다. 몇 달 동안 온전한 나만의 시간을 조금도 가지지 못한 터라 얼마간의 휴식도 필요한 참이었다.

별생각 없이 바다가 보고 싶어서 왔던 여행지인 양양은 언젠가부터 서핑의 성지가 되어 있었다. 바닷가를 따라 가지각색의 서핑보드가 줄을 이어 서 있었고 바닷가에는 서핑을 하는 사람으로 가득했다. 서핑은 해본 적도 없고 관심도 없던 나였지만, 멍하니 바다를 바라보니 바다에 둥둥 떠 있는 사람들이 눈에 들어왔다. 바다에 있던 그누구도 헤엄치고 있지 않았다. 그들은 다 같이 무언가를 기다리고 있었다. 그렇게 시간이 조금 지나고 저 멀리서 파도의 움직임이 눈에 보일 때쯤 사람들은 조금씩 헤엄을 치기 시작했다. 그리고 그 파도가 근처에 왔을 때 자기 몸을 일으켜 서핑 보드에 올라탔다. 그때 '내가 이 책에서 하고자 하는 이야기가 저 바다에 다 있구나'라는 생각이 들었다.

아무리 뛰어난 서퍼도 파도 없이 파도를 탈 수는 없다. 또한, 어떤 좋은 파도가 와도 그동안 쌓아놓은 실력이 없으면 그 파도를 제대로 탈 수 없다. 그 단순한 사실을 내 눈으로 봤다. 똑같은 파도가 왔을 때 누군가는 멋진 포즈로 그 파도를 타고 있었고, 누군가는 준비가 덜 되었기에 잠깐 타다가 물속으로 다시 고꾸라졌다.

우리 인생도 이와 비슷하다는 생각이 들지 않는가? 서퍼에게 파도가 있다면 우리에겐 운이 있다. 운 없이는 인생이란 파도를 잘 탈 수 없지만, 준비되지 않은 자에겐 그 운이 와도 아무 소용이 없다. 서퍼들이 파도를 만나기 위해 바다 위에 둥둥 떠 있는 것이나 우리가 삶에서 운을 만나기 위해 발을 동동거리는 것이나 뭐가 크게 다르겠는가?

서퍼들도 파도를 타기 위해 365일 내내 바다에 나가지는 않는다. 파도 정보를 제공하는 앱을 통해 자신이 나가도 좋은 타이밍인지를 먼저 확인하고, 그 타이밍에 맞춰 바다에 나간다. 우리도 그렇게 하면 된다. 여러 데이터를 보며 지금 내가 나가도 되는 타이밍인지 파악하고, 그렇다고 느끼면 실제로 나가서 용감하게 도전하면 된다. 물론 바다에 나갔지만 예보와 달리 파도가 좋지 않을 수도 있다. 우리 삶에서도 때가 되었다고 생각하고 도전했지만, 허탕을 치고 빈손으로 집으로 돌아가야 하는 날이 허다하다.

하지만 그럴수록 우리는 실망하지 말고 다음에 있을 좋은 파도를 기다리며 지금 내가 할 수 있는 노력을 기울여 실력을 쌓아야 한다. 준비 없는 도전은 자살 행위다. 아무리 숙련된 서퍼라 할지라도 본인 역량 이상의 큰 파도에 도전하는 건 본인의 생명을 잃을 수도 있는 위험한 행위다. 우리 삶에서도 우리의 역량을 벗어난 거대한 운은 사기이거나 오히려 내 삶을 망가뜨리는 나쁜 계기가 될 수 있다.

그러니 운을 기다리되 내 역량만큼의 운만 기다리자. 고요한 바다에 적당한 파도가 다가오듯이 우리 인생에도 나에게 적합한 운은 반드시 온다. 당신이 그 운에 잘 올라탈 준비만 되어 있다면, 당신은 온전히 그 운을 누릴 수 있다. 그다음에 우리는 그 위에서 중심만 잘 잡으면 된다. 내게 찾아온 운을 더 오래 머물게 하는 건 다른 무엇도 아닌 균형감각이다. 그러면 무섭게만 보였던 인생의 바다도 파란 햇살로 가득해질 것이다.

한 가지만 더 덧붙이고자 한다. 휴식하러 온 바닷가에서 왜 나는 서퍼를 보며 운과 관련한 마지막 이야기가 생각났을까? 사람의 목표와 관심이란 건 참 무서워서 이미 그곳에 마음이 쏠리면, 내 몸의 모든 신경이 온통 그것을 찾기 위해 오감을 작동한다. 결국 당신의 목표와 관심이 당신의 미래를 당신이 원하는 곳으로 안내할 것이다. 그 미래로 가는 길에 좋은 운이 가득하길, 그리고 이 책이 좋은 운을 만드는 데 조금이나마 도움이 되길 진심으로 바란다.

내게 귀한 시간을 내주신 모든 분께

'운은 정말 타고나는 걸까? 스스로 운을 만들 수는 없을까?'

이런 고민에서 이 책의 집필을 시작했다. 동기부여 전문가이자 프로 자기계발러로서 나는 일종의 노력 지상주의자였다. 운과 노력은 대척점에 있다고 생각했고, 지금까지 내가 이뤄낸 모든 것 역시 노력의 힘만으로 가능했다고 오만하게 생각했다. 하지만 조금 더 나이를 먹고 지난 일을 돌이켜보니 매 순간 운의 힘이 작용하고 있었음을 깨닫게 됐다. 모든 성공과 실패는 나의 노력에 운의 힘이 더해진 결과물이었고, 나라는 사람 자체도 수많은 다른 사람의 운으로 만들어진 존재였다.

서울에 올라와 처음 1년 동안 산 집은 2~3평 남짓한 고시원이었다. 공간이 사람을 만든다고 했던가, 좁은 공간에서 살다 보니 우물 안 개구리가 되는 것 같아 늘 우물 밖으로 나오려고 애를 썼다. 그 바깥세상으로 나를 인도해준 분들이 내가 지금까지 인터뷰로 만나 뵈었던 1,000명의 성공한 사람들이었다. 그들을 만난 덕분에 지금의 나로 성장할 수 있었다.

이 책에 있는 어느 문장 하나 그들의 삶과 이야기에 빚지지 않은 것이 없다. 아무것도 가진 것 없던 30대 청년인 내게 수많은 사람이 자신의 귀한 시간을 내주었고 몸소 경험하여 터득한 소중한 노하우를 아낌없이 공개해주었다. 그분들의 따뜻한 마음에 무한한 감사를 드린다. 그리고 이런 수많은 분의 값진 시간이 모여 만들어진 이 책이 당신에게도 좋은 운으로 작용하리라 믿어 의심치 않는다.

내가 1,000명의 사람을 만나는 데는 10년의 세월이 걸렸지만, 그 비결이 집약된 이 책을 읽는 데는 하루 몇 시간이면 충분하다. 그 시간만큼은 충분히 집중해 이 책이 품고 있는 모든 운을 온전히 당신 것으로 만들기를 진심으로 바란다.

럭키

©김도윤, 2021

초판 1쇄 발행 2021년 8월 25일
초판 14쇄 발행 2023년 4월 27일

지은이 | 김도윤
편 집 | 윤성훈
콘텐츠그룹 | 한나비, 이가람, 이현주, 박서영, 전연교, 박영현, 장수연
디자인 | tree

펴낸이 | 전승환
펴낸곳 | 북로망스
신고번호 | 제2019-00045호
이메일 | book_romance@naver.com

ISBN 979-11-91891-02-7 (03320)